# 한국인의 이름 이야기

이복규 지음

이 책은 우리 이름의 특징과 이름에 얽힌 사연들에 대한 것으로, 고려와 조선 시대 사람들이 남긴 명설을 풀이한 글 몇 편을 골라 함께 실었으며, 〈부록〉에 이름 관련 우리 속담, 현대시 작품들, 현대 작가들의 본명과 아명 등도 정리해 수록하였다.

學古房

# 한국인의 이름 이야기

이복규 지음

이 책은 우리 이름의 특징과 이름에 얽힌 사연들에 대한 것으로, 고려와 조선 시대 사람들이 남긴 명설을 풀이한 글 몇 편을 골라 함께 실었으며, 〈부록〉에 이름 관련 우리 속담, 현대시 작품들, 현대 작가들의 본명과 아명 등도 정리해 수록하였다.

學古房

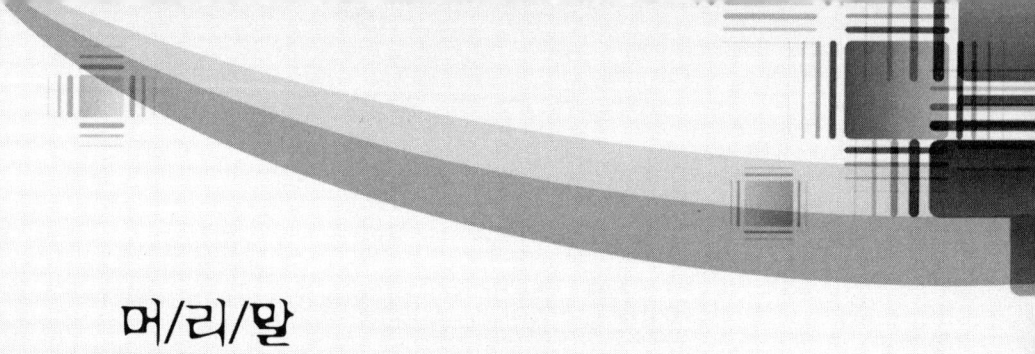

# 머/리/말

　우리 민속 강의를 하면서 우리 이름과 이름문화의 특징이 무엇인지 궁금해 연구한 적이 있습니다. 몇 가지 특징이 있다는 것을 알아 〈한국인 이름의 특징에 대해서〉란 제목으로 발표했더니 국군방송 TV에서 그 내용으로 특강해 달라고 해, 장병들 앞에서 강의도 했습니다. 호기심도 풀고 망외의 보람도 맛보게 한 논문이었습니다.

　대학에서 우리 민속을 강의할 때면 중간이나 기말 과제로 '내 이름에 얽힌 사연'을 받아왔습니다. 서경대와 경희사이버대 학생들이 제출한 보고서에는 별의별 사연이 다 들어 있었습니다. 어떤 이야기는 웃음이 나서 견딜 수 없었으며, 어떤 사연은 슬퍼서 눈물이 났습니다. 참 유익한 과제였다는 반응이 많았습니다.

　발표했던 논문과 학생들의 보고서들을 보아 이렇게 한 권의 책으로 묶었습니다. 이름에 대한 책, 특히 작명법을 다룬 책은 이미 많이 나와 있습니다. 하지만 우리 이름의 특징이 무엇인지 자세히 다룬 경우는 찾아보기 어려우며, 이름에 얽힌 사연들을 한데 모은 책도 없는 듯합니다. 그런 면에서 이 책은 이 책대로 의미가 있다고 생각해 펴냅니다.

　책으로 묶으면서 각주를 생략하는 등 논문 내용을 좀 더 친근하게 고쳤습니다. 학생들의 보고서도 문장을 다듬고 몇 개의 유형으로 나누었습니다. 소리와 뜻이 이상한 이름, 너무 흔한 이름, 성별과 어울리지 않는 이름, 출생신고가 잘못된 이름, 남아선호사상 때문에 지어진 이름, 기타의 사연 등

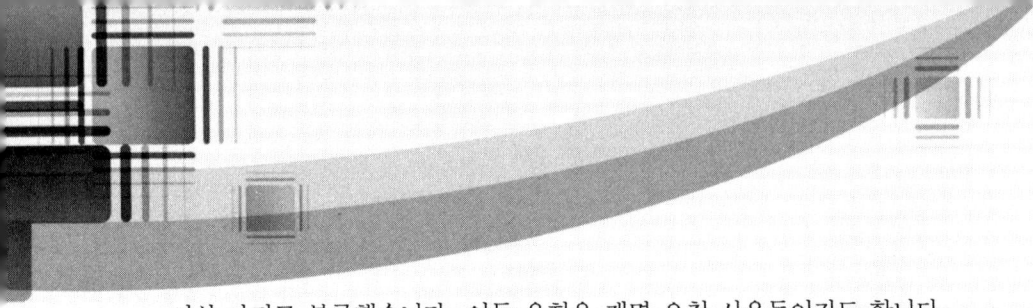

여섯 가지로 분류했습니다. 이들 유형은 개명 요청 사유들이기도 합니다.

고려와 조선 시대 사람들이 남긴 명설(名說) 즉 누군가의 이름을 왜 그렇게 지었는지 풀이한 글 몇 편을 골라 함께 실었습니다. 지금은 이런 글의 전통이 끊어졌지만 자신의 명설을 지니고 그 이름값을 하려 노력했던 조상들의 자세를 음미해 보는 것도 좋겠습니다. 〈부록〉에 이름 관련 우리 속담, 현대시 작품들, 현대 작가들의 본명과 아명 등도 정리해 수록했습니다. 언젠가 '현대 한국인의 이메일 ID'에 대해 쓴 논문이 있는데, 넓은 의미에서 이름과 연관되기에 맨 끝에 실었습니다.

바라기는, 부담 없이들 이 책을 읽고, 우리 이름의 특징이 무엇인지, 그 전통과 변화의 모습을 확인할 수 있었으면 합니다. 이름에 얽힌 수많은 사연을 읽고, 이름이 편의상의 것만은 아니라는 것, 삶에 이렇게 저렇게 영향을 미친다는 사실을 함께 느꼈으면 합니다.

내 이름 강의를 열심히 듣고 보고서를 성실하게 내준 수강생들과 함께 이 책 출간의 기쁨을 누리고 싶습니다. 복 받고 살라고, 내 이름에 '복 복(福)'자를 넣어 주신 할아버지, 그 덕택에 이 책도 낸다고 믿어 한없이 고마운 마음입니다. 이름값을 하도록 더욱 힘써야 하겠습니다.

2012년 새봄을 열며
서경대 한림관 704호 연구실에서
이복규

# 목/차

## I. 한국인 이름의 특징

### 1. 이름에 대한 한국인의 특별한 관념 –웃어른의 이름 함부로 안 부르기–/2
### 2. 한국인의 전통적인 작명 유형/6
   1) 항렬자를 따라 짓기 …………………………………………… 7
      (1) 오행의 순서를 따르기  7
      (2) 십간(十干)의 순서를 따르기  10
      (3) 십이지(十二支)의 순서를 따르기  10
      (4) 一 二 三 四 五 六 七 八 九 十의 순서를 따르기  11
      (5) 절충하기  12
   2) 항렬자를 따르지 않고 짓기 ………………………………… 16
      (1) 태몽을 반영한 경우  16
      (2) 출생 시기(묵재일기)를 반영한 경우  17
      (3) 출생 장소를 반영한 경우  17
      (4) 서열을 반영한 경우  17
      (5) 외모를 반영한 경우  17
      (6) 재능상의 특징을 반영한 경우  18
      (7) 부모의 소망을 반영한 경우  18
      (8) 부모의 감정을 반영한 경우  19
### 3. 한국인 작명의 새로운 변화들/19
   1) 항렬자 안 따르기 …………………………………………… 19

    2) 순우리말 이름으로 짓기 ·················20

    3) 부모의 성을 동시에 반영하기 ·················21

    4) 종교 경전의 인명을 차용하기 ·················21

    5) 영어식 이름으로도 쓸 수 있는 이름으로 짓기 ·········22

### 4. 한국인 이름 문화의 특징/22

## II. 현대 한국인의 이름에 얽힌 사연들

### 1. 소리와 뜻이 이상해요/26

    1) 김차렷![김경례] ·················26

    2) 방미경?[박미경] ·················28

    3) 대원이 대감[김하응] ·················29

    4) 순제곱[이순순] ·················31

    5) 전라도 남원 땅에 바람났네 춘향이가[조남은] ·········32

    6) 창녀라는 이름을 가졌던 우리 언니 ·················33

    7) 할아버지 감사합니다[이귀순] ·················34

    8) 이윤 포기[성경애] ·················35

    9) 김상주 ·················41

    10) 이백만 ·················42

    11) 공포의 조도토리 씨[김순자] ·················44

    12) 박처녀 고객님[고명자] ·················47

    13) 내 친구 천재호 ·················49

    14) 라조기를 먹어 봤나요[나숙기] ·················50

    15) '자연'이 '과학'으로 바뀌었냐?[김자연] ·········53

16) 옹녀?[유성희] ·················································· 55
17) 정나비 ·························································· 57
18) 금주령[홍의숙] ·············································· 59
19) 좋아합니다. 당신의 이름을[김숙희] ················ 60
20) 바다처럼 너그럽게 베풀면서 살아라[장관해] ········ 61
21) 홀수이름[이선도] ·········································· 64
22) 이연실 ·························································· 65
23) 서울행[김경] ················································· 67
24) 장은혜 ·························································· 68
25) 손님 안 오시면 안 됩니다[안수옥] ················ 71
26) 문자메시지가 왔네 ········································ 73
27) 이형사[이현사] ·············································· 75
28) 간경화 ·························································· 77
29) 대박 인생 ····················································· 80
30) '신난다'에서 '신유나'로[정민지] ····················· 81
31) 최고 ····························································· 83

## 2. 너무 흔한 이름이라 피곤해요/84

1) 경숙이 일어나서 책 읽어라 ··························· 84
2) 대통령 딸 영애[김영애] ·································· 85
3) 내 이름, 부모님의 가장 크신 선물[김정숙] ········ 87
4) 잘 있었니? 내가 아는 지혜 맞지?[김지혜] ········ 90
5) 흔하디 흔한 내 이름, 그러나 참 둥글둥글하다 ········ 92
6) 흔한 이름이라 하여 귀하지 않은 것은 아니다[김미정] ···· 97

## 3. 성별과 어울리지 않아요/100

1) 박봉수가 누구야? ·································································100
2) 영진 구론산 바몬드[이영진] ··················································103
3) 광물의 이름 석영[이석영] ·····················································104
4) 김언경 ····································································································106
5) 김영란?[김영남] ······································································107
6) 차라리 옥수수라고 하지[신옥식] ·········································110
7) 영화배우 장동휘 때문에 지어진 이름[정주휘] ················114
8) 김종희 ····································································································117
9) 이하범 ····································································································119
10) 오빠의 이름에 얽힌 사연[서혜숙] ······································120
11) 송경열 ··································································································123

## 4. 출생신고가 잘못 되었어요/125

1) 김계년 ····································································································125
2) 김미례 ····································································································126
3) 술 한 잔에 바뀐 어머니의 이름[김윤지] ···························129
4) 박순미가 박순임으로 ·····························································130
5) 유춘미 ····································································································133

## 5. 남아선호사상 때문에 지어진 이름이에요/137

1) 우리 어머니의 이름 이둘남[채지윤] ··································136
2) 정후자(鄭後子)라는 작은 시누이의 이름 ···························136
3) 한순식 ····································································································137
4) 놈새에 얽힌 사연[이은영] ·····················································141

    5) 이모의 이름 용남[양혜원] ················································143

    6) 우리 고모의 이름 말순(末順)[김희영] ·······························144

    7) 꼭지라는 이름[김희숙] ······················································145

    8) 김경오 ···················································································147

    9) 웃기는 돌(funnystone)[김흥석] ·······································149

    10) 차남(次男)과 남억(南憶) ················································152

  6. 기타 사연/154

    1) 내 이름은 끝순이 ······························································154

    2) 호적부에 비친 우리나라 여자이름들 ······························157

    3) 박진화와 박영미 ································································158

    4) 한국과 중국과 일본의 이름 발음[조재경] ······················161

    5) 정선혜 ···················································································163

    6) 모두 일곱 개인 내 이름[김영미] ····································167

## III. 고려와 조선 시대의 명설(名說)들

  1. 이색(李穡), 〈한씨 사자 명자 설(韓氏四子名字說)〉/171

  2. 이색(李穡), 〈이씨 삼자 명자 설(李氏三子名字說)〉/ 174

  3. 권근(權近), 〈이씨형제 명자 설(李氏兄弟名字說)〉/177

  4. 권근(權近), 〈김씨(金氏)의 명자(名字)에 대한 설〉/179

  5. 장유(張維), 〈유생의 이름과 자에 대한 설[柳生名字說]〉/181

  6. 이식(李植), 〈세 아들의 이름을 고치면서 지은 글〉/182

  7. 정제두(鄭齊斗), 〈명아설(名兒說)〉/183

  8. 이남규(李南珪), 〈정구(定求)의 이름에 대한 설(說)〉/186

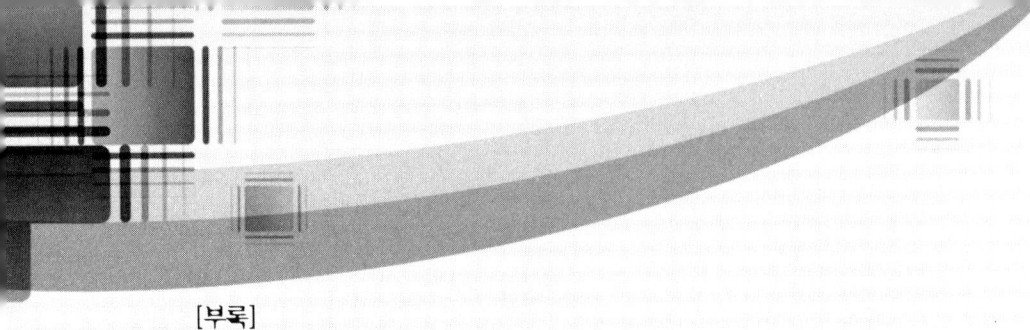

[부록]

1. 이름 관련 속담과 현대시/187

   1) 이름 관련 속담 ……………………………………………187

   2) 이름 관련 현대시 …………………………………………188

      (1) 김춘수, 〈꽃〉  188

      (2) 윤동주, 〈별 헤는 밤 〉  189

      (3) 조병화, 〈시의 뿌리 2〉  190

      (4) 김소월, 〈초혼(招魂)〉  190

2. 한국 현대 작가들의 본명과 아명/191

3. 현대 한국인의 이메일 ID에 대하여/194

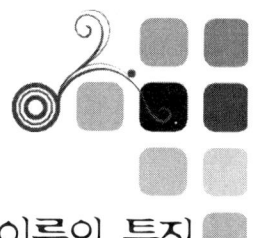

# I. 한국인 이름의 특징

　어느 나라 사람이든 이름을 가지고 있다. 하지만 이름 문화가 똑같은 것은 아니다. 한국인의 이름, 이름문화의 특징은 무엇일까? 이것을 알아보기 전에, 한국인 이름의 여러 종류에 대해서부터 짚고 넘어가자.
　한국인의 이름은 하나만 있던 게 아니다. 아명(兒名), 명(名), 자(字), 호(號), 법명, 세례명, 예명, 필명 등 다양한 모습으로 존재하였다.
　아명은 나면서부터 가정에서 불리는 이름이다. 명은 정식 이름으로서 곧 호적이름인데, 관명(冠名)이라고도 한다. '이름'하면 일반적으로 이 명(관명)을 뜻한다. 그런데 예전에는 관명은 아무에게나 함부로 불리는 것을 원하지 않아, 남자가 성인이 되면 또 하나의 이름인 자(字)를 지어 주어 가까운 친구 간이나 이웃에서 허물없이 부르게 했다. 여자의 경우는 혼인하여 성인이 되면 남자의 자(字)처럼 택호(宅號)를 얻었다. 대개는 그 여자가 살아온 마을 이름을 따서 '○○댁'이라고 불리었다. 아내의 택호에 따라 그 남편도 '○○양반'으로 불리는 것이 보통이었다.

학문과 덕행이 높아 이웃의 존경을 받게 되면, 아명, 관명, 자와는 별도로 남자에게는 호(號)['아호'는 호의 높임말]가 주어지고 여자에게는 당호(堂號)가 주어졌다. 더러 자신이 지을 경우에는 스스로 낮추어 부르거나 자신의 뜻을 담는 것이 보통이었다. 호가 있으면 이웃이나 제자들은 '○○선생'이라 하여 모두 호를 부를 뿐, 자나 이름을 부르지 않았다. 호 가운데에는 죽은 다음에 나라에서 내려주는 시호(諡號)도 있었다. 이황을 예로 들면, 관명은 황(滉), 자는 경호(景浩), 호는 퇴계(退溪), 시호는 문순(文純)이다.

그 밖에 불교의 법명(法名), 천주교의 세례명(洗禮名), 예능인의 예명(藝名), 작가나 언론인의 필명(筆名)도 있다.

이 책에서는 주로 명(名) 즉 관명(호적명)의 경우만을 대상으로 하여, 몇 가지 궁금한 사항에 대해 알아보고자 한다. 한국인이 이름에 대해서 가지고 있는 관념은 무엇일까? 한국의 전통 작명 원리에는 어떤 것들이 있을까? 요즈음의 한국인 이름에서 보이는 변화들은 무엇일까? 외국과 비교했을 때 한국인 이름의 특징은 무엇일까?

## 1. 이름에 대한 한국인의 특별한 관념
### -웃어른의 이름 함부로 안 부르기-

한국 전통 사회에서는 다른 사람 특히 손윗사람의 이름[관명]을 함부로 부르는 것을 꺼렸다. 특히 자기 부모님의 이름이 다른 사람에 의해 함부로 불리거나 하면 싸움이 날 정도로 우리의 전통에서는 이름을 매우 아꼈다. 이름을 단순한 기호로서가 아니라 그 사람의 인격 자체라는 인식이 강하였다 하겠다. 그러다 보니 우리 언어 예절 가운데에는, 누가 아버지의 이름을 물을 경우, 곧바로 이름을 대지 않고, "O자 O자이십니다." 혹은 "O자 O자를 쓰십니다." 이렇게 대답해야만 올바른 표현이며 배운 사람다운 언어표현으로 치부하는 관행이 이어지고 있는 실정이다.

이름을 불러야 할 때는 자(字)나 호(號)를 불렀는데, 윗사람이 아랫사람을 부를 때는 자를 불러도 되었지만, 아랫사람이 윗사람을 부를 때는 반드시 호를 불러야 했다. 호도 아무나 가지지 못하였다. 학덕이 높은 사람만 호를 써서 "율곡 선생님" 이런 식으로 했고, 그렇지 못한 사람은 아무리 본인이 호를 지어놓아도 다른 사람들이 불러주지를 않았다.

왜 우리 옛 선인들이 함부로 이름을 부르지 않았던 것일까? 피휘법(避諱法) 때문이다. 휘(諱)'란 '어른의 이름', '제왕·성인·상급자 및 존경받는 사람의 이름'을 뜻하므로, 피휘법은 '제왕, 성인, 존경받는 사람, 부모, 윗사람 등의 이름을 부르거나 이름자를 함부로 쓰지 않는 법'이다. 지금도 인사동 고서점이나 도서관 고문서실에 가면, 오래된 족보의 경우, 더러 군데군데 비단 조각이 붙어있는 것을 발견할 수 있는데, 이는 그 집안사람들이 조상의 이름을 감히 보기조차 황송해서 그렇게 한 것이다. 보기조차 꺼렸으니 부르는 것은 더욱 그러했을 것이다.

피휘법이 제정된 시기는 유교문화의 수용에 적극적이었고 전제황권을 수립하려 한 고려 광종 15~16년경으로 추정된다. 이때에 태조 이름 '建(건)'자와 혜종 이름 '武(무)'자와 정종 이름 '堯(요)'자를 각각

'立(입)', '虎(호)', '高(고)'자로 대체하여 적었으니, 『삼국유사』고조선조에서 '開國號朝鮮(개국호조선) 與堯同時(여요동시)'[나라를 열어 조선이라고 하였으니, 요 임금과 더불어 같은 때였다]라고 적어야 할 것을 '堯' 대신 '高'로 표기한 것도 그 사례이다. 국가에 의한 피휘령이 내려지기 이전에도 유교적 지식이 많았던 문인들은 글을 지을 때에는 가능한 한 왕의 이름자를 쓰지 않으려 하였다.

선종 즉위년(1083) 11월에는 피휘법에 대한 공식적인 법령이 발표되었음을 기록으로 확인할 수 있다.

> 고려사 권 제10 세가제10 선종 원년 11월. : "정묘일에 한림원에서 서울과 지방의 주, 부, 군, 현(州府郡縣) 사원들과 관용(官用) 혹은 개인들의 문, 관(門館) 명칭 및 대신 이하 관료들의 이름이 왕의 이름에 저촉되거나 글자 음이 같은 것들은 이를 모두 딴 글자로 바꾸도록 하자는 것을 청하니 왕이 이 제의를 따랐다."

이 조처에 의하여 개인의 이름이나 사원, 주, 부, 군현의 이름, 기타 공사건물의 명칭에 왕의 이름자를 사용할 수 없게 되었다. 또한 이름의 글자만이 아니라 음이 같은 글자도 마찬가지로 사용할 수 없도록 하였다. 군주의 이름뿐만 아니라 같은 시호를 받은 경우도 고쳤고, 중국 황제 이름과 같은 고려 국왕의 이름도 고쳤다. 이처럼 국휘(國諱)의 범위가 넓어지자 국왕만이 아니라 태자의 이름도 피휘하여 신료들 중에는 이름을 고쳐야 하는 경우도 있었다. 고려조의 안유는 조선 세조의 이름과 같은 음이기 때문에 안향으로 조선조에 바뀌어 칭하여졌고, 성종의 이름이 '治(치)'자이므로 조선 중종 때 찍어낸 『삼국유사』

박혁거세조의 '光明治世(광명치세)'가 '光明理世(광명이세)'로 된 것도 그 예이다.

조선 국왕의 이름이 옥편에 없는 글자들, 이른바 벽자(僻字)들로 지어진 것도 피휘법 때문이라 할 수 있다. 祹(도; 세종), 珦(향; 문종), 瑈(유; 세조), 금祘(산; 정조)처럼 자주 쓰지 않는 글자를 동원하여 작명하였다. 특히 흥미로운 점은, 세조의 큰아들 덕종은 원래의 이름이 崇(숭)이었으나, 세조가 단종을 제거하고 왕위에 오르면서 세자로 신분이 바뀌자 暲(장)으로, 선조도 鈞(균)이었으나 등극하자 昖(연)으로, 고종도 아명은 命福(명복)이며 이름은 載晃(재황)이었으나, 등극하자 㷩(희: '빛날 희'의 이체자)로 개명한 사실이다. 왕의 이름은 그 뒷사람이 쓸 수 없으므로, 백성의 부담을 줄여주기 위해, 벽자로 개명한 것이다.

고려시대에 엄격히 지켰던 피휘법, 그 중에서도 국휘법(國諱法)은 민주사회인 오늘날의 기준으로 보면 매우 불합리한 일로 여겨진다. 왕의 이름자, 심지어 음이 같은 글자도 쓰지 못하고, 이를 어길 경우, 대역죄나 불경죄로 몰렸던 것은 오늘날에는 상상하기 힘든 일이다. 대학에서 학생들의 이름을 부르다 보면, '박정희'란 이름이 버젓이 있는 실정이니 국휘법은 사라졌다고 해도 과언이 아니라 생각된다. 하지만 북한에서는 김일성이나 김정일의 이름을 특별하게 취급하고 있어서 전통 피휘법이 이어지고 있다는 것을 확인할 수 있다. 모든 문서에서, 최고 지도자의 이름이 출현할 경우, 예외 없이 글자 크기를 본문보다 아주 키워서 제시하는 것이 그 사례이다.

하지만 남한에서도, 국휘법은 사라졌으나 윗사람의 이름을 함부로 부르지 않으려는 의식만은 지금도 여전하다. 특히 아버지나 할아버지 이름에 사용된 글자는 피하려는 의식이 강하게 남아 있어, 피휘법에서 완전히 자유롭지는 않다. 일본의 경우에는 아버지나 어머니 이름자에서 한 글자씩을 따다가 자녀의 이름을 짓는 게 일반적이며, 여성의 경우, 할머니가 돌아가신 다음에는 할머니의 이름을 통째로 가져다 이름을 짓기도 한다고 하니 우리와는 다르다 하겠다.

## 2. 한국인의 전통적인 작명 유형

한국에서 사람 이름을 지을 때 전통적으로 즐겨 이용한 방법 혹은 원리에는 어떤 것들이 있을까? 지금까지 확인한 결과, 다음과 같이 두 유형으로 나뉜다는 것을 알 수 있었다. 집안마다의 항렬자를 따라서 짓는 유형, 노비나 여성의 경우처럼 항렬자를 따르지 않고 다른 방식으로 짓는 유형이다.

집안의 항렬자를 따르는 방식은 주로 양민 이상의 남성들에게, 항렬자를 따르지 않고 달리 짓는 방식은 노비나 여성들에게 적용되었던 것을 알 수 있다. 항렬자를 따르는 유형도 다시 세분되는데, 오행을 기준으로 하기, 십간을 기준으로 하기, 십이지를 기준으로 하기, 일이삼사오륙 순서로 하기, 절충하기 등으로 구분된다. 집안의 항렬자를 따르지 않는 경우도, 출생 상황을 반영하기, 부모의 소망을 반영하기, 외모의 특징을 반영하기 등으로 나뉜다.

## 1) 항렬자를 따라 짓기

항렬자란 돌림자라고도 하는데, 우리의 이름에서 항렬(行列)을 나타내는 글자(字)를 말한다. 각 가문마다 일정한 항렬자가 정해져 족보에 명시되어 있어서, 원칙적으로 모든 남성들은 이를 따라서 이름을 짓는다. 성을 포함하여 보통 석 자로 되어 있는 게 우리의 성명이라면, 그 세 글자 중에서 아버지로부터 물려받은 성에다 족보에 규정된 항렬자까지 이미 주어져 있으니, 오직 나머지 한 글자만 정하면 되었다. 그만큼 선택의 범위가 제한되어 있다고 할 수 있다.

앞에서 이미 말했듯이, 항렬자를 따르는 데에도 여러 가지 경우가 있다. 오행(五行), 십간(十干), 십이지(十二支), 일이삼사……의 순서를 따르기 및 이상의 것들을 절충하기 등이 그것이다. 이러니 친족일 경우, 그 사람의 이름에 쓰인 항렬자를 알면 그 사람이 나와 어떤 관계인지, 아들뻘인지 아버지뻘인지 금세 알 수 있게 되어 있다.

### (1) 오행의 순서를 따르기

주지하는 바와 같이, 오행(五行)은 동양 특히 동아시아 한문문화권의 우주론 혹은 존재론에서, 세상 만물을 이루는 기본 요소로 인식되어 왔다. 木(목) 火(화) 土(토) 金(금) 水(수)이 그것인데, 이들이 독립된 것이면서도, 상호간에 일정한 선후 및 유기적인 관계가 있어, 상생 혹은 상극 작용을 하는 것으로 생각해 왔다. 水生木(수생목 : 물은 나무를 생기게 함), 木生火(목생화 : 나무는 불을 생기게 함), 火生土(화생토 : 불은 흙을 생기게 함), 土生金(토생금 : 흙은 쇠를 생기게 함), 金生水(금생수 : 쇠는 물을 생기게 함)로 일컬어지는 상생(相生),

金剋木(금극목 : 쇠는 나무를 죽임), 木剋土(목극토 : 나무는 흙을 죽임), 土剋水(토극수 : 흙은 물을 죽임), 水剋火(수극화 : 물은 불을 죽임) 등으로 일컬어지는 상극(相剋) 관계가 있다는 것이다. 조선조 초기에, 나무인 이(李)씨가 집권하면서, 쇠인 김(金)씨의 발음을 '금'이 아닌 '김'으로 고쳐 부르게 했다는 전승도 바로, 금(金)이 목(木)과 상극 관계라서, 그냥 두면 목(木)자 성인 이씨 왕조에 해롭다고 보는 인식 때문에 형성된 전승이라 할 수 있다.

이름을 지을 때도 마찬가지다. 몇몇 가문에서 현재 따르고 있는 항렬표를 보면 다음과 같다. 앞으로 각 가문의 항렬자표를 볼 때 유의할 점이 있다. 木(목) 火(화) 土(토) 金(금) 水의 순서로 짓는다고 해서, 항렬자에 木(목) 火(화) 土(토) 金(금) 水라는 글자를 그대로 쓰는 일은 드물고, 이들 글자가 포함되는 글자를 항렬자로 삼고 있기 때문이다. 예컨대 木(목)일 경우에는 木(목)이 들어가는 相(상)이나 柱(주) 등을, 土(토)일 경우에는 在(재)나 圭(규) 등을 항렬자로 이용한다. 이는 십간, 십이지 등 다른 기준을 적용할 때도 마찬가지이니 꼭 알아둘 일이다.

### 파평 윤씨(尹)씨

- 泳(영)-林(림)-容(용)-在(재)-鍾(종)-源(원)-相(상)-燮(섭)-基(기)(함안파)
- 泰(태)-秉(병)-燮(섭)-在(재)-鎬(호)-永(영)-相(상)-顯(현)-培(배)-鍾(종)-源(원)-秀(수)(남원파)
- 汝(여)-來(래)-熙(희)-奎(규)-鍾(종)-泰(태)-相(상)-烈

(렬)-在(재)(덕산군파)

- 柱(주)-榮(영)-土(토)-儀(의)-水(수)-相(상)-燮(섭)-基(기)-鎔(용)-源(원)-東(동)-熙(희)-鎭(진)-滋(자)-相(상)-炳(병)-重(중)-錫(석)-汝(여)-植(식)-燮(섭)-載(재)-鍾(종)(대언공파)

### 단양 우(禹)씨

鉉(현)-永(영)-植(식)-燮(섭)-基(기)-鎬(호)

### 함안 조(趙)씨

奎(규)·孝(효)-鏞(용)-濟(제)-來(래)-顯(현)-在(재)·周(주)-欽(흠)·鎬(호)-洙(수)-東(동)-煥(환)-培(배)-鍾(종)-漢(한)-根(근)-炯(형)-均(균)-鎬(호)-洵(순)-秉(병)-炫(현)-基(기)-錫(석)-泳(영)-秀(수)-炳(병)-坤(곤)

### 창녕 조(曺)씨

承(승)-秉(병)-煥(환)-圭(규)-鉉(현)

### 의령 남(南)씨

基(기)-鉉(현)-潤(윤)-植(식)-炳(병)-均(균)-鎭(진)-求(구)-柱(주)-燮(섭)-圭(규)-鎬(호)-淳(순)-根(근)-榮(영)-瓚(찬)-鍾(종)-洙(수)-禎(정)-燁(엽)-周(주)-鎰(일)-永(영)-杓(표)

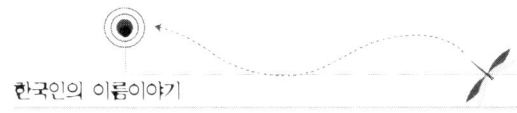

### (2) 십간(十干)의 순서를 따르기

십간은 육십갑자의 위 단위를 이루는 요소인 '천간(天干)'을 달리 이르는 말이다. 포괄하는 수가 모두 열이라 하여 이렇게 이른다. 갑(甲), 을(乙), 병(丙), 정(丁), 무(戊), 기(己), 경(庚), 신(辛), 임(壬), 계(癸)가 그것이다. 이 순서대로 항렬자를 정해 놓고 짓는 것이 십간에 의한 작명이다. 오행에 의한 작명과 마찬가지로, 십간의 글자를 그대로 쓰는 경우는 드물고, 그 글자를 포함하는 글자 가운데에서 선택하여 항렬자로 삼는다. 그런데 십간의 글자가 들어간다고 해서 그 형태가 완전하게 일치하는 것도 아니니 유의할 일이다. 일치한다기보다는 유사하다는 이유로 선택된 글자가 많기 때문이다. 甲자 항렬자로 선택된 '寅(인)', 丙(병)자의 '會(회)', 戊(무)자의 '儀(의)' 등이 그 대표적인 사례라 하겠다. 어찌 보면 억지라고도 할 수 있을 정도이다. 같을 글자가 가문에 따라 다른 의미를 가지는 경우도 많다.

**전주 이(李)씨**

寅(인)-凡(범)-會(회)-宇(우)-儀(의)-起(기)-康(강)-宰(재)-廷(정)-揆(규)-學(학)·存(존) (효령대군파)

### (3) 십이지(十二支)의 순서를 따르기

子(자), 丑(축), 寅(인), 卯(묘), 辰(진), 巳(사), 午(오), 未(미), 申(신), 酉(유), 戌(술), 亥(해)

십이지는 육십갑자의 아래 단위를 이루는 요소인 지지(地支)를 일컫는 말이다. 자(子), 축(丑), 인(寅), 묘(卯), 진(辰), 사(巳), 오(午),

미(未), 신(申), 유(酉), 술(戌), 해(亥)가 그것이다. 그 수효가 열둘이라 십이지라 부른다. 십이지의 순서로 이름을 짓는 것이 십이지에 따른 작명이다.

### 강릉 김(金)씨

學(학)−秉(병)−演(연)−卿(경)−振(진)−起(기)−南(남)·午(오) (午는 방위로 보면 南이라 통용).

## (4) 一 二 三 四 五 六 七 八 九 十의 순서를 따르기

一, 二, 三 四 五 六 七······, 이렇게 항렬의 순서를 철저하게 숫자로 표시하는 경우이다. 아래에 소개하는 안동 권씨 집안의 항렬자를 잘 살펴보면, 각 숫자를 포함하는 다양한 글자들을 항렬자로 활용하고 있다는 것을 알 수 있다.

### 안동 권(權)씨

一 : 丙(병) 大(대) 萬(만) 友(우)

二 : 重(중) 宗(종) 仁(인) 武(무)

三 : 泰(태) 春(춘) 龍(용) 正(정)

四 : 寧(영) 憲(헌) 鐸(탁) 爵(작)

五 : 五(오) 肅(숙) 悟(오) 書(서)

六 : 赫(혁) 奇(기) 景(경) 英(영)

七 : 純(순) 宅(택) 處(처) 虞(우)

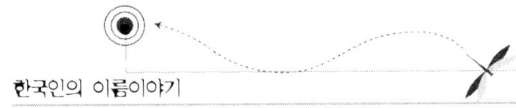

八 : 容(용) 俊(준) 說(열) 益(익)

九 : 九(구) 塾(숙) 軌(궤) 藝(예)

十 : 升(승) 協(협) 士(사) 斗(두)

### (5) 절충하기

이상에서 대표적인 방식들을 소개하였는데, 절충식도 있다. 한 가지 기준만 가지고 이름을 지을 경우, 한 사이클이 끝날 경우, 같은 글자를 쓰는 데 따른 불편함 때문에, 두 가지 이상의 기준을 절충하여 이름을 짓는 것을 말한다.

① 십간과 십이지의 절충

**전주 이(李)씨 가문**

寅(인)-凡(범)-會(회)-宇(우)-儀(의)-起(기)-康(강)-宰(재)-廷(정)-揆(규)-學(학)·存(존)-庸(용)-演(연)-卿(경)-振(진)

위의 항렬표를 보면, 寅에서 揆까지는 갑을병정 즉 십간에 따르다가 그것이 다하자, 십이지를 따라 學, 庸, 演 등으로 바꾼 것을 알 수 있다.

**풍양 조(趙)씨 가문**

鍾(종)-元(원)-行(행)-成(성)-熙(희)-慶(경)-新(신)-廷(정)-揆(규)-學(학)-書(서)-演(연)-卿(경)-震(진)-範(범)-年(연)-東(동)-重(중)-弼(필)·尊·(존)-璣(기)·武(무)-夏(하)·

遠·(원)·俊(준)

위 항렬자를 보면, 鍾(종)에서 揆(규)까지는 십간을, 그 다음부터는 십이지를 따랐다는 것을 알 수 있다.

② 일월(日月)과 일이삼사오륙……의 절충

**반남 박(朴)씨**

齊(제)-緒(서)-贊(찬)-雨(우)-天(천)-春(춘)-憲(헌)-吾(오)-章(장)-虎(호)-謙(겸)-旭(욱)-平(평)

드문 일이기는 하지만, 위 항렬 표를 보면, 齊(제)에서 贊(찬)까지는 日(일)과 月(월) 자가 들어가는 글자를 반복해 활용하다가, 雨(우)부터는 일이삼사오륙……이 들어간 글자를 선택하고 있다.

이상으로 항렬자를 따르는 다섯 가지 유형을 제시하였는데, 24 별자리이 순서를 따르는 경우[고려 시대 이규보 집안]도 있다. 天地玄黃(천지현황)의 순서로 짓는 방식도 있다. 〈이화에 월백하고〉란 시조를 지은 이조년(李兆年) 형제의 경우, 이조년, 이억년(李億年), 이만년(李萬年), 이천년(李千年)으로 작명한 예도 있으니, 더 조사하면 다른 방식들도 확인될 것이라 생각한다. 하지만 이상 다섯 가지가 한국인의 이름 문화에서 항렬자를 따라 작명하는 가장 대표적이고 흔한 방식인 것만은 분명하다고 보인다. 위에 제시한 사례를 바탕으로 다음 두 가지 사항을 주목할 필요가 있다고 생각한다.

첫째, 아버지 대의 항렬자가 맨 끝에 오면, 아들 대의 항렬자는 중간에, 그다음 대는 다시 끝으로, 이런 식으로 놓이게 하는 것도 불문율로 되어 있다는 것을 알 수 있다. 반남 박씨 집안의 항렬자 규정이 이 점을 잘 보여주고 있다.

반남 박씨 33세(32대) - 호(虎) 순(純) - (예) 박○호 /박○순

반남 박씨 34세(33대) - 겸(謙) 선(善) - (예) 박겸○ /박선○

반남 박씨 35세(34대) - 욱(旭) 구(九) - (예) 박○욱 /박○구

반남 박씨 36세(35대) - 평(平) 두(斗) - (예) 박평○ /박두○

둘째, 같은 오행이라 하더라도, 집안에 따라, 해당 한자는 다양하게 지정하고 있다는 점이다. 심지어는 같은 성씨라 하더라도 파에 따라 다른 글자를 지정하여, 그 글자만 보아도, 어느 계파인지 드러나게 되어 있다. 안동 권씨 집안의 항렬자 규정이 이 점을 잘 보여준다. 예컨대, 맨 앞의 '一'자 항렬자가 계파에 따라, '丙(병)', '大(대)', '萬(만)', '三(삼)'자 항렬자도 '泰(태)', '春(춘)', '龍(용)' 등 다양함을 알 수 있다.

- 병(丙) - 중(重) - 태(泰) - 영(寧) - 오(五) - 혁(赫) - 순(純) - 용(容) - 구(九) - 승(升)

- 대(大) - 종(宗) - 춘(春) - 헌(憲) - 숙(肅) - 기(奇) - 택(宅) - 준(俊) - 숙(塾) - 협(協)

- 만(萬) - 인(仁) - 용(龍) - 탁(鐸) - 오(悟) - 경(景) - 처(處) - 열(說) - 궤(軌) - 사(士)

같은 계파의 경우, 다섯 대가 지나면 똑같은 글자를 다시 씀으로 써, 윗대에서 쓴 글자를 후손이 다시 써야 할 부담이 생길 수 있다. 이 부담을 피해, 한 사이클이 돌아가고 나면 새로운 글자를 써서, 조상의 이름을 함께 쓰는 일이 없도록 장치해 놓고 있다. 피휘법의 전통이 작용하고 있다 하겠다. 파평 윤씨 함안파 집안에서, '水(수)'자 항렬을 윗대에서는 '泳(영)'으로, 아랫대에서는 '源(원)'으로 쓰는 경우가 그 예이다.

泳(영)-林(임)-容(용)-在(재)-鍾(종)-源(원)-相(상)-燮(섭)-基(기)

우리나라에서 항렬자를 따라 작명하는 전통이 얼마나 강했는지 실감하게 하는 일화가 있다. 1890년대 후반, 강화도에 개신교가 전파되었을 때의 실화이다. 강화도 북단 홍의 마을에 개신교 복음이 들어오자, 그 마을 훈장으로 있던 박능일이 먼저 복음을 받아들이고 온 마을 사람이 함께 믿어 세례를 받기에 이르자 이렇게 선언했다.

"우리가 예수 믿고 교인이 된 것은 옛사람이 죽고 새사람이 되었음을 의미한다. 새로 태어난 아기에게 이름을 지어 주듯, 거듭난 우리가 새 이름을 갖는 것은 당연하다."

이러면서 이름을 새로 짓는데, 베네딕트, 프란체스코, 베로니카처럼 천주교식으로 서양식 이름을 쓰거나 모세, 요한, 라헬 같은 성경 이름을 따르지 않고, 한국의 전통 작명법을 따라, 그것도 돌림자 전통으로 개명했다.

"우리가 비록 집안은 다르지만 한 날 한 시에 세례를 받아 한 형제가 되었다. 그리고 우리가 이 마을에서 처음 믿었으니 모두 한일(一)자를 돌림자로 하여 이름을 바꾸자."

이래서 성은 그대로 유지하되, 마지막 자를 한 일자로 통일하여, 제비뽑기한 결과 박능일, 권신일, 권인일, 권문일, 권청일, 권혜일, 김경일, 김부일, 종순일, 주광일, 장양일 등으로 작명한 것이다. 한국의 돌림자 전통이 얼마나 강하였는지 반증하는 사례라 하겠다.

## 2) 항렬자를 따르지 않고 짓기

모두가 항렬자를 따라서 이름을 지었던 것은 아니다. 조선 시대의 고소설 작품이나 ≪묵재일기(黙齋日記)≫ (1535~1567), ≪불설대보부모은중경언해(佛說大報父母恩重經諺解)≫ (1687)와 ≪동국신속삼강행실(東國新續三綱行實)≫ (1617) 같은 문헌을 보면, 주로 노비나 여성의 경우이지만, 집안의 항렬자와 무관하게 작명하는 경우도 있었다. 이것도 여러 가지 유형으로 나누어 볼 수 있다.

### (1) 태몽을 반영한 경우

〈춘향전〉의 남자 주인공인 '이몽룡(李夢龍)'의 작명 원리는 태몽의 내용을 그대로 반영한 것이다. 그 부모가 꿈에 용을 보고 낳았다 해서 붙인 이름으로 소개되어 있기 때문이다. 이런 사례는 고소설에서 흔하게 발견된다. 고려시대의 문호 이규보(李奎報)의 경우에도, 꿈에 '규성(奎星)'이란 별의 선관이 나타나 탄생을 예고하였기에 붙여진 이름으로 알려져 있어, 이 전통이 오래되었다는 것을 알 수 있다. 요즘에도 존재할 수 있는 작명 유형이라 생각된다.

### (2) 출생 시기를 반영한 경우

전통시대의 여성 이름에서 많이 보이는 三月(삼월), 九月(구월)[이상 ≪묵재일기≫ 소재] 등의 이름은 출생 시기를 그대로 드러낸 경우라 할 수 있다. 갑자일에 태어났다 해서 갑돌이, 정월에 났다고 해서 정월이라고 지은 경우도 여기 해당한다.

### (3) 출생 장소를 반영한 경우

부엌쇠, 부엌손, 마당쇠 등의 이름은 출생한 장소를 반영한 이름들로서, 필자의 고향 마을에 살던 남성들의 이름이다. ≪묵재일기≫ 소재 노비의 이름인 北叱間(뒷간)도 마찬가지로 보인다.

### (4) 서열을 반영한 경우

남매 중의 출생 서열을 반영한 경우도 있다. 첫째를 나타내는 '太(태)'나 '元(원)'자 들어가는 이름들(太燮태섭, 元淳원순), 셋째딸을 의미하는 '삼순(三順)', 넷째딸을 의미하는 '사순(四順)', 막둥이를 나타내는 亡乃(막내), 莫同(막둥), 㪍致(긋티) 등이 그 예이다. 제III장에 제시하는 조선 시대 사람들의 명설(名說)에서 확인하겠지만, 관명은 아니지만 자(字)를 지을 때 형제의 서열을 표시하기 위해 '백중숙계(伯仲叔季)'의 순서로, 장남은 '伯(백)', 이남은 '仲(중)', 삼남은 '叔(숙)', 사남은 '季(계)'자가 들어가게 짓는 관행도 이와 연관되므로 아울러 여기 밝혀둔다.

### (5) 외모를 반영한 경우

小斤(작은), 甘丁(검정), 甘同(검둥), 億今(얽음) 甘實(감실)(이상

≪묵재일기≫ 소재), 巨墨介(거묵개), 居墨伊(거묵이), 古邑丹伊(곱단이), 古邑同(곱동), 古溫介(고온개), 立分德(입분덕), 於汝非(어여비), 入分伊(입분이), 足古萬(족고만), 古孟伊(고맹이), 同古里(동고리)……
이들 이름은 작다거나 검다거나 얽었다든가, 한결같이 용모의 특징을 반영하여 지은 것들이라 하겠다. 이 같은 작명법은 동부여의 왕이었던 금와(金蛙)에게서도 확인된다. 돌 밑에서 발견될 당시, 그 모습이 금개구리 모양이라서 그렇게 이름을 지었다고 삼국유사가 기록하고 있기 때문이다. 요즘 '날씬이'란 이름이 더러 눈에 띄는데 이런 작명의 연장선상에 있다고 여겨진다.

### (6) 재능상의 특징을 반영한 경우

고구려 시조 朱蒙의 경우, '활을 잘 쏘는 사람'이라는 뜻으로 삼국사기에 기록되어 있는데, 이 경우는, 출생과 동시에 지은 이름이 아니라, 자라는 과정에서 지은 이름으로 보인다. 〈늑대와 춤을〉이라는 인디언 소재 영화에서 보듯, 인디언 사회에서는, 우리와는 다르게, 아이의 이름을 출생과 함께 짓지 않고, 자라는 과정에서 그 특징이 부각될 때 비로소 그 특징을 반영하여, '주먹 쥐고 일어서(인디언 여성의 이름)' 혹은 '발로 차는 새(제사장의 이름)' 등으로 짓는데, 朱蒙(주몽)도 그런 유형으로 보여 특이하다. 몸을 납작하게 잘 엎드린다고 해서 '납작이', 끈질기고 억세다 해서 '억척이'라고 하는 경우도 여기 포함할 수 있을 것이다.

### (7) 부모의 소망을 반영한 경우

金同(금동) [금덩이], 語非(업신), 복이(福伊)·선이(仙伊)·홍이

(弘伊), '巖全(암전), 奄全(엄전), 音全(음전), 音田(음전), 陰田(음전) [음전이, 얌전이]' 등의 이름은, 그런 사람이 되기를 바라는 부모의 염원이 반영된 경우라고 할 수 있다. 介同(개동)/季同(계동) [개똥] 은 역설적인 소망이라고 할 수 있는 경우로서, 이렇게 천하게 지음으로써 잡귀의 질투를 예방하여 무병장수하기를 바라는 소망에서 지어진 이름으로 풀이된다. 莫女(막녀), 딸고만이 등은 더 이상 딸이 태어나지 말고, 아들 출산하기를 희망하여 지은 이름이므로 여기 포함할 수 있다. 이번에는 죽지 않기를 바라는 뜻에서 '붙드리'라 짓기도 하였다.

### (8) 부모의 감정을 반영한 경우

'府內(부내), 粉內(분내), 粉年(분년), 粉老味(분로미), 痛忿(통분) [분해]'·'西云(서운), 西雲(서운), 西元(서원) [서운]' 등은 아이를 출산한 직후 느끼는 부모의 감정을 반영한 경우로 보인다. 아들 낳기를 바랐는데 딸을 낳아서 가지는 감정을 여과 없이 드러낸 경우라 하겠다.

## 3. 한국인 작명의 새로운 변화들

### 1) 항렬자 안 따르기

요즘 들어 항렬자를 따르지 않는 사례가 늘고 있다. 학생들을 상대로 조사하고, 주변 인사들과 만날 때마다 확인해 본 결과, 안동 권씨처럼 비교적 보수적인 집안에서도 아들의 이름을 지을 때, 항렬자에

연연하지 않는 경향이 확인된다. 그 이유를 알아본 결과, 원하는 이름을 이미 남이 다 차지했으므로, 좀 더 부르기 좋고 뜻도 좋은 이름을 짓기 위해서는 항렬자를 포기할 수밖에 없어서 그랬다는 것을 알 수 있다.

김해 김씨 집안에서 원래는 '鍾(종)'자가 항렬자이지만, 이를 따르지 않고 '原槿(원근)'으로 지은 경우, 평강 채씨 집안에서 원래는 '洙(수)'자를 따라야 하지만 '承珍(승진)'으로 지은 경우 등이 그 예이다. 여성의 경우는 특별한 가문이 아닌 한 항렬자를 따르지 않는 게 일반적이었으므로, 여기에서 따로 거론하지 않는다.

### 2) 순우리말 이름으로 짓기
#### (1) 성과 명을 통합하여 하나의 개념 만들기

'이루세'처럼 성과 이름이 합쳐져야만 일정한 의미를 형성하도록 작명하는 경우가 있다. 하지만 성과 명을 구별하는 것이 우리의 전통이며 세계 작명의 일반 원칙이니, 성과 명을 통합하여 하나의 개념을 드러내는 '이루세'식 순우리말 작명은 바람직하지 않다. '이루세', '정다운', '채운들', '방그레', '서늘해', '서그러운 달님' 등의 이름은 실제로 부를 경우, 성은 빼고 '이름'만 부르는 게 일반적이고 보면, '루세'나 '다운', '운들', '그레', '늘해', '그러운 달님'이라 부를 경우 어떻게 되겠는지 생각해 볼 일이다. 그렇다고 꼬박꼬박 성과 이름을 함께 부르기도 곤란하지 않을까?

### (2) 명만을 순우리말로 짓기

'여보람'처럼 이름만을 순우리말로 짓는 경우가 있다. '권보드래'도 마찬가지 경우이다. 바람직한 우리말 이름이라 하겠다. 성과 분리해도 그 자체로서 의미를 지니기 때문이다.


### 3) 부모의 성을 동시에 반영하기

'조한혜정', '이박혜경'처럼 아버지와 어머니의 성을 함께 반영한 경우가 있다. 남녀평등 혹은 양성평등 시대를 맞아, 아버지의 성만을 반영하던 전통에서 벗어나고자 하는 의식이 투영된 경우라 하겠다. 이는 성에 대한 것이므로, 이름을 다루는 이 글에서 본격적으로 다룰 현상은 아니지만, 얼른 보았을 때, '조한혜정'에서 '한혜정'을 이름으로 여길 수 있기에 지적해 둔다.


### 4) 종교 경전의 인명을 차용하기

'張深溫(장심온)', '배드로', '장한나' 등의 이름은 그 가정에서 믿는 종교에서 존숭하는 인물의 이름을 빌어다 작명한 경우이다. 모두 기독교 경전인 성경에 등장하는 인물들로서, 시몬이나 베드로는 예수님의 수제자인 '시몬 베드로', '한나'는 선지자 사무엘을 기도로 얻은 여성의 이름을 따서 지은 이름들이다. 그렇게 위대한 신앙을 가지라는 부모의 희망을 담았다고 하겠다. 이는 앞에서 제시한 '부모의 소망을 반영하기' 유형에 속한다고도 할 수 있겠으나, 개신교를 받아들이면서 새로 생겨난 작명 유형이므로 여기에 따로 언급하였다. '예은

(예수님의 은혜)', '하은(하나님의 은혜)' 등도 여기에 속한다 하겠다.

### 5) 영어식 이름으로도 쓸 수 있는 이름으로 짓기

이른바 세계화 시대를 맞아, 영어식 이름의 필요성이 증대하고 있다. 우리 이름을 지을 때 아예 영어화하기 좋은 이름으로 지어준다는 것을 인터넷 보도 및 작명소 검색을 해보면 금세 확인할 수 있다. 예컨대 필자의 이름인 '이복규'는 국내용으로는 별문제가 없다 할 수 있으나, 영어로 표기하기도 어려운 데다, 자칫하면 욕설로 들거나 읽힐 가능성까지 있어, 세계화하기에는 문제가 있는 이름이다. 하지만 '수지'란 이름을 비롯해 바로 앞에서 소개한 '장한나', '장심온(시몬)' 등의 이름은 영어로 표기해도 영어 이름으로 인식될 수 있어 유리하다.

## 4. 한국인 이름 문화의 특징

우리나라의 이름 문화가 어떤 특징을 지녔는지는 외국과 비교해 보아야만 드러난다. 중국, 일본, 미국을 비롯하여 다른 나라 사람의 이름 문화와 비교하여 포착된 차이점을 열거해 보면 다음과 같다.

첫째, 이름에 대한 관념 면에서, 윗사람의 이름을 거론하거나 답습하는 것을 꺼리는 의식이 우리나라 사람에게는 아주 강하다. 조상의 이름을 그대로 물려받아, 여러 대에 걸쳐서 동일한 이름을 쓰기도 하는 이스라엘, 미국 등과는 판이하다. 특히 러시아에서는 두 번째 이름에 필수적으로 그 아버지의 이름이 반영되는 게 관례화되어 있는 바, 우리와는 크게 다르다 할 수 있다. 톨스토이의 경우, 레프 니콜

라예비치 톨스토이(Lev Nikolayevich Tolstoy)라고 표기하는데, 두 번째 부분은 바로 그 아버지의 이름이 니콜라이임을 나타내고 있다. 그 영향을 받아, 중앙아시아 고려인들도 그렇게 자기 이름을 표기하곤 한다. 카자흐스탄 알마티에 거주하는 고려인 명드미뜨리 교수의 경우 '월봉비치'라고 하여 자신이 명월봉[국어학자로 활동하였음]의 아들임을 드러내고 있어 우리의 전통을 벗어나 러시아화한 사례라 하겠다. 그런데 이런 현상에 대해 함부로 가치 평가를 할 일은 아니다. 부모의 이름을 쓰지 않음으로써 존경심을 표출하는 것이 우리 문화라면, 서구에서는 그 부모의 이름을 자기의 이름에 밝힘으로써 존경심과 자부심을 드러내고 있다고 보면, 결국 그 근본 동기는 상통한다고 할 수 있기에 그렇다.

둘째, 우리는 돌림자 즉 항렬자 전통이 강하며, 오행이나 십이지 십간을 따라서 짓는 게 일반적인데 다른 나라에는 없는 특징이다. 일본에는 항렬자가 없으며, 중국에도 우리식의 항렬자는 없다. 중국의 항렬자는, '世民昌盛(세민창성: 대대로 가족이 창성하기를!)'처럼 일정한 문장을 이루는 이구로 되어 있지, 우리처럼 오행이나 십이지, 십간을 반영하는 항렬자는 아니어서 구분된다. 요즘에는 부르기 좋고(소리가 좋고) 뜻이 좋은 이름을 선호하는 경향이 강한데, 이는 일본이나 우리나라의 최근 추세와 상통하는 점이라 하겠다.

셋째, 성소명다(姓少名多) 현상도 특징적이다. 우리는 성은 제한되어 있으나 이름은 매우 다양하다. 하지만, 일본이나 유럽은 성다명소(姓多名少) 즉 성은 많은데 이름은 적다. 우리나라 사람들의 성은 270가지 정도라고 하지만, 김, 이, 박, 최 씨 등 이른바 10가지 정도의 성씨가 대다수를 차지하고 있고, 나머지 성씨가 차지하는 비중은 낮다. 그래서 길거리에서 "김씨!" 하고 부르면 수많은 사람이 쳐다볼 가능성이 높다. 대통령만 해도, "김 대통령"이라고 하면, YS(김영삼 대통령)인지 DJ(김대중 대통령)인지 헷갈린다. 하지만 일본이나 유럽은 다르다. 일본 총리나 미국 대통령의 수는 우리보다 훨씬 많지만, "다나카 총리"나 "링컨 대통령"이라고 했을 때 동명이인이 거의 없을 정도이다. 그만큼 성이 다양하다는 이야기이다. 일본의 경우, 성의 종류가 20만 개라 하니 우리와는 판이한 사정임을 알 수 있다. 이름은 어떤가? 우리나라 사람들의 이름은 매우 개별적이다. 같은 이름이 그다지 많지 않은 편이다. 물론 여성의 이름에서 같은 이름이 발견되기도 하지만, 유럽 여성의 이름과 비교하면 아무것도 아니다. 예컨대 독일 학교에서 "한스!"하고 부르면 아주 여러 명의 남학생이 동시에 손을 든다고 하지만, 한국에서 그런 일이 일어날 가능성은 매우 낮다.

　넷째, 우리 이름은 성과 이름, 이렇게 두 단위로 이루어지며 성 다음에 이름이 오는 순서이다. 한국에서는 '홍길동'하면, '홍'이 성이고, '길동'이 이름이다. 철저하게 두 단위로 되어 있고 성 다음에 이름이 오는 구조이다.

　하지만 유럽의 경우는 다르다. 제1이름(first name), 제2이름(second name 혹은 middle name), 제3이름(family name 혹은 given name: 성) 이렇게 세 단위로 이루어지는 게 보통이며, 이름 다음에 성이 온다. 제1이름은 '부르는 이름', 제2이름은 주로 외가에서 붙이거나 외가를 따른 이름, 제3이름은 우리나라로 말하면 성(姓)으로서 아버지쪽 가계를 나타낸다. 예컨대 미국의 제41대 대통령 '죠지 W 부시'와 제43대 대통령이었던 그 아들의 이름은 똑같다. '부시'가 성이고 '죠지 W'가 각각 제1이름과 제2이름이다. 귀족 가문의 경우, 아버지와 아들의 이름(제1, 제2, 제3 이름)이 똑같은 것은 물론 할아버지의 이름과도 똑같은 경우가 흔한데, 편의상 1세, 2세 혹은 시니어, 주니어를 붙여서 구분한다.

러시아 사람의 이름도 마찬가지이다. 바로 앞에서 톨스토이의 예를 통해 이미 확인했듯이, 개혁 개방의 물꼬를 터 유명한 고르바초프 대통령의 경우도 그렇다. 본명이 '미하일 세르게이비치 고르바초프'인데, 제1이름(미하일), 제2이름(아버지 이름. 세르게이비치-세르게이의 아들), 제3이름(고르바초프), 이런 구조이다. 아버지의 이름을 아들이 쓴다는 것은 우리로서는 상상하기 어려운 일이나, 러시아에서는 법칙화되어 있다. 그 제2이름을 보면 그 사람 아버지 이름이 누군지 금세 알게 되어 있는 것이다.

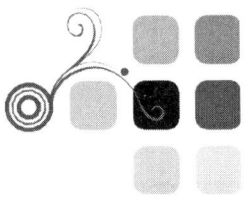

## II. 현대 한국인의 이름에 얽힌 사연들

### 1. 소리와 뜻이 이상해요

#### 1) 김차렷![김경례]

내 이름은 경례이다. 경사 경(慶) 예도 례(禮). 내가 태어나자 할아버지께서 읍내 작명소에 가서 이름을 지어오셨다고 한다. 무슨 대단한 뜻이 있는 건 아니고 위의 언니가 성례이니 언니의 돌림자를 따른 것이다. 내가 한자를 해석해 보니 경사 경(慶) 예도 예(禮)이니까, 언제 어디서나 예를 갖춰 살라는 뜻인 듯하다.

이름이 경례이다 보니 어렸을 때부터 여러 가지 수난을 겪으며 성장했다. 동네 오빠나 친구들이 나만 보면 차렷! 소리와 함께 구령을 부르며 놀리기 일쑤였고, 학교에 들어가서도 선생님이나 친구들에게 김차렷! 또는 김 반장이라는 별명으로 불렸다. 정작 내 이름은 별 쓰임새가 없었다. 사춘기 시절엔 너무 창피해 부모님께 개명해 달라고 떼를 쓰기도 하였다. 하지만 부모님께서는 '네 이름이 어때서 개명하느냐'며 할아버님이 지어주신 이름을 왜 함부로 바꾸려 하느냐며 야단치셨다. 결국, 예쁜 이름을 갖겠다는 꿈은 깨졌고 난 이름 바꾸는 것을 뒤로 미뤘다. 성인이 되면 꼭 바꾸고야 말리라는 생각을 가지고 살았다.

사회에 나와 직장 생활을 하면서도 이름은 내게 큰 아킬레스건이었다. 누구한테도 이름을 당당하게 말 한 적이 없다. 그리고 직장에서는 이름보다는 주로 '미스김'이나 '김양' 등의 호칭이 사용됐다. 직장을 다닐 때 남편을 만나게 됐는데 내 이름 소개하기가 너무 쑥스러워 '김경~례입니다.'라며 얼버무렸다. 그래서 남편은 내 이름을 '김경'으로 알아듣고 만날 때마다 경아라고 불렀다. 경례보다는 귀엽고 예뻐서 경아인 척하며 지냈다. 하지만 양가 상견례 날짜를 잡게 되어 내 실명을 알게 되었을 때 남편은 얄밉게도 '아이고 김반장님'하며 경례하는 시늉을 했다. 그 일 때문에 남편과 싸우고 결혼무효 선언을 했다. 일주일 간 연락을 끊었다. 남편은 애가 탔는지 매일 전화하며 제발 만나서 얘기하자고 했다.

그런 줄도 모르고 집에서는 엄마와 언니가 결혼 준비로 부산하게 움직였다. 정말 고민이 되었다. 여기서 정말 멈춰야 하나, 아니면 자존심을 버려야 하는가 등. 지금 생각하면 별 생뚱맞은 생각도 다 했구나 싶다. 아무튼, 남편과 화해하고 결혼을 했다. 남편은 '네 이름이 어때서 그러냐? 사람들을 이끌어가는 리더의 이름이다. 이젠 그 이름 콤플렉스에서 벗어나라'며 충고했다. 그러면서 줄기차게 내 이름을 불러줬다. 지금도 '여보 당신' 대신 '경례 씨'라 부르며 아양을 떤다.

이름이라는 것은 그 사람의 운명인 것 같다. 어차피 운명은 내가 개척해 나가야 하기 때문에 이름도 내가 어떻게 만들어 가느냐에 따라 달라진다고 생각한다. 이름 덕분인지는 모르지만 나는 지금까지 살면서 예의에 어긋나는 행동을 한 번도 한 적이 없다. 나보다는 상대방을 먼저 생각하고 배려하는 마음이 몸에 뱄다. 그렇게 살다 보니 내 주변의 지인들에게 신뢰를 듬뿍 받고 있다. 지금은 직업상 지갑 속에 늘 명함을 휴대하고 다닌다. 누군가를 만나면 내 이름은 김경례입니다, 당당하게 내 이름을 말한다. 내가 당당해야 내 이름도 당당하게 빛날 것이기 때문이다.

### 2) 방미경?[박미경]

태어나서 처음으로 부모님께 내 이름에 대해 여쭤봤다. 왜 미경이라고 지었는지. 그동안 나는 내 이름에 대해 불평만 했지, 왜 그렇게 지었는지 궁금해한 적은 없었다.

불평한 이유는 발음 때문이었다. '미경'에다 성을 붙여서 말하면 '방미경'이라고 발음이 되므로, 내 이름을 말하면 '방'씨냐고 묻는 사람들이 제법 있다. 아니라고 '박'씨라고 다시 알려주어야만 한다.

예전에 통신사 상담원으로 일한 적이 있다. 전화를 받을 때, 그리고 끊기 전에 내 이름을 말해야 했다. 그럴 때마다 발음에 특히 신경을 썼다. 고객들도 다시 물어보곤 했으니까. '박'에 힘을 주어 말하거나 성을 말하고 한 박자 쉰 다음 이름을 말했다. 동생도 이름에 대해 불만이 많다. 여자 동생인데 이름이 '박종민'이라 남자로 오해받기 일쑤였다. 하지만 발음상으론 나 같은 어려움은 없었기에 차라리 동생 이름이 더 좋다고 생각한다.

여하튼 아빠한테 전화를 걸어 왜 내 이름을 미경이라고 지었는지 여쭤봤다. 대답은 정말 간단했다.

"예쁘니까."

"단지?"

"그래, 네가 무슨 미냐? '아름다울 미(美)'잖아. 그리고 경은 '경치 경(景)' 얼마나 좋냐?"

기분이 그리 나쁘지 않았다. 작명소에서 짓지 않았다는 것도 맘에 들고, 내게 크게 바라는 것 없이 그냥 예쁜 이름을 지어주고 싶은 아빠의 생각이 좋았다. 난 어릴 때 못생겼다는 말을 많이 듣고 자랐다. 그래서 어린 맘에 한자로 '아름다울 미'를 쓸 때마다 '다른 사람들이 놀리면 어쩌나?' 하는 걱정을 했었다. 하지만 이제는 그런 걱정을 훌훌 털어버리고, 내 나름대로 이름풀이를 해본다. '보면 볼수록 마음을 편안하고 행복하게 해주는 아름다운 경치처럼, 외모가 아니라 마음이 아름답고 따뜻한 사람이 되라는 뜻'으로.

## 3) 대원이 대감[김하웅]

어릴 적 친구들은 나를 '대원'이라고 불렀다. 지금도 집에서는 '대원'이라고 한다. 고등학교 친구들도 가끔은 '대원'이라는 이름으로 부를 때가 있다.

내 이름은 세 가지다. '종원', '대원' 그리고 '하웅'이라는 이름이다. 지금은 이름 대신에 쓰는 아이디까지 포함하면 더 많지만 다른 사람들이 나를 부르는 이름은 이 세 가지다.

우리 아버지는 국사를 좋아하셨다. 그리고 가장 존경하는 인물이 조선 말기 '대원이 대감'이라고 부른 '흥선 대원군'이었다. '흥선 대원군'의 본명이 '이하응'이다. 그래서 내 이름이 '대원, 하응'이 되고, 초등학교에 입학할 때까지 대원으로 불렸다. 유치원 친구들은 내 이름을 가지고 장난을 쳤다. '하응'이라는 이름을 거꾸로 불렀고, '응하'는 변을 의미하였기 때문에 친구들과 싸웠다. 이 싸움은 초등학교, 중학교, 고등학교, 대학교에 입학하여 다닐 때까지 계속되었다. 그리고 우리 집에 한 번 놀러 왔던 친구들은 가족의 영향을 받아 '하응'이라는 이름 대신 '대원'이라고 불렀다.

'종원'이라는 이름은 족보에만 존재하는 이름이다. '종원'이라고 불렸던 적은 아주 어릴 적, 대종회에 참석해 할아버지와 아버지가 나를 다른 분들에게 소개하면서 72세손 '종자 돌림을 쓰는 종원이입니다.'라고 했을 때뿐이다. 그래서 나는 '대원'이라는 이름이 가장 중요한 이름이라고 생각했다.

지금은 많은 이들에게 '하응'이라는 이름으로 불린다. 그것도 두 개의 표기로 존재한다. '下應(하응)' 그리고 '夏應(하응)'이다. 앞의 '하응'은 본래 썼던 한자이고, 뒤의 '하응'은 18살 이후부터 쓰는 한자이다. 서명날인할 일이 있으면 뒤처럼 '여름 하'를 쓴다. 18살에 서당에서 공부할 때에 훈장선생님이 이렇게 '여름 하'로 써주셨기 때문이다.

이렇게 다양한 이름으로 불리고 쓰기도 하지만 어떠한 이름으로 불리든지 나는 나이다. 지금은 '하응'이라는 이름이 좋다.

### 4) 순제곱[이순순]

내 이름은 올해로 연세가 76세이신 내 아버지께서 직접 지어주셨다. 아버지께서는 아들을 심하게 선호하시고, 딸은 순하고 순박해야 한다고 생각하셨다. 그래서 아들 넷을 낳으신 후 늦둥이로 낳으신 당신의 딸 이름을 순박할 순(淳)과 순할 순(順)을 써서 이순순이라 지으셨다.

이순순이란 이름으로 살면서, 때론 상처 아닌 상처도 받고, 반면에 득을 본 경우도 많이 있었다. 학교에서나 다른 곳에서도 출석을 부를 때는 꼭 두 번씩 불리고, 이름이 틀리지 않았는지 확인당해야 했다. 그뿐인가? 전화로 이름을 얘기하려면 한두 번으로는 전달이 되지 않는다. 이런 어려움은 겪어보지 않은 이는 이해하기 어려울 것이다. 그래도 많은 이들이 내 이름을 기억해 주고, 때론 혜택을 받기도 했다.

이제 세월이 흘러 성인이 되어, 작명을 해주신 아버지께 원망보다는 깊은 감사를 드린다. 비록 아버지께서 원하신 대로 살지는 못하고 있지만.

학창시절의 별명도 이 이름 때문에 만들어진 것들이다. '순'자가 두 개라서 수학에서 나오는 제곱의 의미로 '순 제곱', '제곱이' 그리고 '순투(순two)'도 있었다. 그뿐인가? 학창시절 인기 드라마였던 '한 지붕 세 가족'의 아역 배우 순돌이 때문에, 내 미래 남편의 이름은 '돌돌이'였고 내 아들은 순돌이가 되었다. 그래서 고등학생이었던 나는 일찍이 '순돌이 엄마'라는 별명을 얻기도 했다.

### 5) 전라도 남원 땅에 바람났네 춘향이가[조남은]

사람은 누구나 이름이 있고 그 이름은 나 자신보다 남들에게 더 많이 불리운다. 운명론을 믿는 우리 민족은 이름 하나를 짓는 데도 그 아이의 사주팔자와 그 이름의 뜻이 일치되어 복되게 살기를 바라는 마음에서 심혈을 기울인다. 작명가한테 가서 많은 돈을 주고 지어오기도 하고, 집에서 할아버지가 집안 항렬에 따라 가장 좋은 이름을 지어 주기도 한다.

내 이름도 항렬에 따라 지은 이름이다. 나는 조남은, 언니 이름은 조남현, 동생들 이름은 남석, 남이, 남영이다. 물론 사촌들 이름도 모두 '남'자 돌림이다. 한자로는 남녘 '남'자이고 은혜 '은'자을 쓰지만, 발음상으로는 '남은'이 되어 무엇이 남다라는 뉘앙스를 풍긴다. 하여 어렸을 때 동네 삼촌들이 내가 지나가면 이런 노래를 불렀다.

"전라북도 남원 땅에 바람났네! 춘향이가~~~"

어렸을 때는 그게 무슨 소린지도 모르고 같이 웃었다. 모두 내가 예뻐서 그러려니 했다. 초등학교 시절에는 남학생들이 나를 나마리, 나마리라고 불렀다. 나마리는 잠자리의 청주 지역 사투리로서 남은의 나로 시작하는 이름이라 그렇게 부른 것 같다. 내가 성격이 좋아 그런지 난 참 별명이 많았다.

초등학교 때 학교 갔다 오면 잠자리 잡겠다고 나도 긴 싸리비를 들고 다니면서 이런 노래를 부르고 다녔으니, 친구들이 나를 '나마리'라고 불러도 화낼 줄을 몰랐다. 잠자리를 잡기 내가 위해 열심히 부른 노래는 '나마리 동동, 파리 동동, 멀리멀리 가면 똥물 먹고 죽는다.'라는 것이었다.

성인이 되어 내가 결혼할 생각을 하지 않자 엄마가 말씀하길, "이름이 남은이라 시집을 안 가고 남아 있나?" 하시며 '성은' 즉 이룰 '성(成)'자 은혜 '은(恩)'자로 바꾸자고 하셨다. 물론 나는 바꾸지 않았다. [참고로 이 이름은 내 사주팔자를 넣어서 서울의 유명한 작명가 김XX 씨가 지어준 것이라 함] 참 재미있지 않은가? 결국, 30살이 막 넘는 해에 결혼했으니 이름 때문에 결혼이 늦어진 것은 아니지만, 가끔 우스갯소리로 그렇게 말하는 친구들도 있었다. 이름이 그래서 그런 거라고.

이름에 관한 에피소드가 또 한 가지 있다. 내가 결혼 후 XX 면세점에 근무할 당시의 일이다. 조남은이란 이름이 흔한 이름이 아니라 그때까지 나는 똑같은 이름을 본 적이 없었다. 그래서 아무 의심도 없이 출근해서 출근부 펀칭을 하고 올라왔는데 다음 날 보니 결근으로 되어 있는 게 아닌가. 깜짝 놀라 인사과에 가서 물어보니, 글쎄 또 다른 조남은이 이미 그 회사에 다니고 있었던 것. 물론 같은 항렬이었다. 참 많이 당황스럽고 놀랐다. 그 후로는 아직 같은 이름을 가진 사람을 본 적이 없다.

### 6) 창녀라는 이름을 가졌던 우리 언니

우리 큰 언니는 대학교 1학년 때까지 이름 때문에 많은 오해와 놀림을 받고 당했다. 친구는 물론 여러 어른까지도 언니를 힘들게 했다.

먼저 우리 가정 이야기를 해야 할 것 같다. 아버지는 피난민으로서 황해도 장연이 고향이시고 어머니는 인천시 백령도 분이시다. 아버지는 7대 독자로 엄청나게 귀하게 자라신 분이셨다. 하지만 전쟁으로 말미암아 모든 것이 바뀌게 되었다. 하루빨리 고향에 돌아갈 목적으로 백령도에 정착하셨다. 결국, 아버지는 고향 땅을 가 보시지 못하고 2000년도에 돌아가시기 직전까지 황해도 장연군 장연읍 당신의 고향을 그리워하셨다.

7대 독자이신 아버지는 8명의 자녀들을 두셨다. 창심, 창녀, 창옥, 창희, 창용, 창복, 창만, 창미. 이렇게 순서대로 창(昌)이란 돌림자를 넣어서 아버지가 직접 지어 주셨다. 창성하라는 뜻이었을 것이다.

그런데 두 번째 큰언니의 이름인 창녀가 문제였다. 어렸을 때부터 성인이 되어서까지 여러 오해를 일으켰기 때문이다. 아버지 입장에서는 그냥 창자 돌림으로 단순하게 지었다고 한다. 먹고 살기 어려운 시절이었기에 아마도 바쁜 세월 속에 잊고 살다가 초등학교 가서 여러 배움에 눈을 뜨기 시작할 때쯤, 사회 현실이 무엇인지도 알게 되었을 즈음, 비교 의식이 싹이 트기 시작할 때쯤, 학교 안에서 친구들로부터 이상한 이름을 가졌다고 놀림을 받거나, 같이 놀아 주지 않는 그러한 이지메 현상이 나타나기 시작했다.

언니 본인은 내성적인 성격이라 내색도 못하고 그저 많은 세월을 참아왔다. 고학년이 되고 중학생이 되고 잊힐 만하면 다시 불리는 언니의 이름으로 고충의 세월이 많았다. 심지어는 한참 사춘기 시절, 선생님들까지도 특이한 이름이라고 해 오해를 받았다.

큰언니의 마음고생을 알아차린 아버지는 면사무소에 가서 고쳐 달라고 요청하셨지만, 한번 호적에 올린 이름을 간단히 바꿀 수는 없다고 하더란다. 정말 바꾸고 싶으면 합당한 이유를 적어 내어, 재판을 통해 바꿀 수 있다고 가르쳐 주었다고 한다.

큰 언니는 동생들이 많다 보니 사회생활을 일찍 시작하였다. 동생 셋을 대학 보낼 때까지 슈퍼를 운영하였다. 사회생활 중에서 특히 통장을 만들 때라든지 병원에 갈 때, 이름으로 말미암은 오해는 표면적으로는 안 나타났지만 왠지 이상한 눈길을 느꼈다고 한다.

동생들 뒷바라지 후, 드디어 큰 언니가 대학에 입학하게 되자, 언니는 교수님을 상담한 후, 떳떳한 이유와 명분 아래 '선할 선(善)'자를 넣어 '선녀(善女)'란 이름으로 재판을 신청해, 자신의 꼬리표처럼 붙어 다니던 창녀라는 이름을 선녀라는 이름으로 바꾸었다. 무엇보다 주민등록증의 이름이 정정당당하게 바뀌었다는 것이 가장 기뻤다고 한다.

고향 분들은 지금도 옛 이름을 그대로 부르고 있지만, 대학생활의 새로운 제2의 인생을 시작한 언니로서는 더욱 더 앞으로 나아가는 삶의 원동력이 되지 않았나 싶다. 지금 그 큰언니는 50 중반, 대학생의 엄마이다. 우리 언니를 보면, 우리의 이름이 때로 인생에 아주 큰 영향을 미치기도 한다는 게 실감난다.

## 7) 할아버지 감사합니다[이귀순]

내 이름은 '이귀순. 한자로는 李貴順. 한눈에 척 알 수 있듯이 조금은 구식이며 결코 예쁜 이름이라고는 할 수 없다. 특히 여자의 이름으로서는 대인관계에서 좋은 점수를 따고 들어갈 수 없다. 어릴 적에는 정말 이름이 예쁜 친구가, 얼굴 예쁜 것만큼이나 부러웠었다. 내 이름을 지어 주신 부모님을 원망했는데 내 이름은 부모님이 아니라 할아버지께서 지어 주셨다고 한다. 여자답고 고이 자라서 평탄하게 살라는 의미에서 '귀순'이라고 지어 주셨다는 것. 하지만 할아버지의 깊은 뜻과 이름에 담긴 축복의 내용을 어린 나로서는 이해할 수가 없었다.

초등학교 때는 반 친구들로부터 '이 귀신'이라고도 불렸다. 특히 남학생들이 짓궂게 놀리곤 했다. 60년대에 태어난 여자아이의 이름에는 끝 자가 '자', '옥', '순', '숙' 등이 많았다. 이상하게도 친한 친구들은 이름의 구성도 비슷했다. '순자' '명자' '명옥'……. 반대로 예쁜 이름으로는 '소영', '혜영', '윤지', '소연' 등이 있었는데, 그 친구들이 부러웠다. '유유상종'이라더니 예쁜 이름의 아이들은 그런 아이들끼리 잘 놀았다. 정말이지 어린 마음에 다른 것도 아닌, 매 순간 여러 사람으로부터 불리는 이름 때문에 상당히 위축감을 느꼈던 시절이었다.

중. 고등학교 때는 '귀순용사'라고 불리기도 하였다. 도덕 선생님께서 출석을 부르시는데 '너는 북한에서 귀순했니?'라면서 놀리시는 데서 비롯된 별명이다. 그때는 어찌나 도덕 선생님이 원망스러웠는지 모른다. 민감한 사춘기 시절, 그렇지 않아도 이름의 열등감이 있는 여학생인 줄도 모르면서 그렇게 부르시다니 하고 말이다. 여학교였기에 망정이지 지금과 같이 남녀공학이었다면 두고두고 그 도덕 선생님을 미워했을 것이다. 그런데 그런 마음은 오히려 내가 좋아하는 글자가 들어간 이름의 학우와 친하게 되는 계기가 되어 지금도 30여 년이 넘는 벗이 되었다.

사회생활을 하면서 그 사람에 대한 첫인상의 중요함은 새삼 말하지 않아도 누구나 공감하는 부분이다. 용모에서 느껴지는 첫인상, 말씨에서 느껴지는 첫인상 등이 있는데 이름이야 말로 상대의 첫인상을 결정지게 하는 것으로 생각한다. 직접 만나 보지 않아도 상상하게 되고 기대하기 때문이다. 요즘은 이름이 사주학에 맞지 않아도 부르기에 어려운 발음의 이름이나 특정 인물과 비슷한 이름이라는 이유로 개명할 수 있게 되었다. 예전에는 상상할 수 없었는데, 세월을 느끼게 된다.

한국을 떠나 일본에서 산 지도 십여 년이 되었다. 아내로 엄마로 며느리로 살면서 내 본명이 불리는 것은 극히 제한적이 되어 버렸다. 특히나 결혼하면 여성의 성이 남편의 성으로 바뀌어 버리는 일본에서 나는 내 성이 남편의 성으로 불리는 반쪽의 이름이 되어 버리기도 한다.

내 이름이 '이귀순'으로 불리고 싶었다. 어차피 일본에서는 내 이름이 예쁜 이름인지 아닌지 모른다. 오히려 한자로 써 보여 주면 아주 고고한 이름이라고 한다. 바로 '귀(貴)'자가 들어가기 때문이다. 어릴 때는 바로 이 '귀'자가 싫었는데 일본에서는 그야말로 귀한 이름이라고 하니 할아버지는 먼 미래를 보셨는지도 모른다고 생각하니 할아버지께 진심으로 감사한다.

한류 붐으로 한국 사람은 동네에서도 주목받기 쉬워졌다. 자신을 소개할 때는 반드시 한자로 소개하는데 나는 그때 어깨에 힘을 주고 당당히 쓰게 된다. 또한. 이름의 자부심과 함께 이름에 어긋나지 않는 행동을 해야겠다는 생각이 들며, 나를 지켜보고 계실 할아버지의 나에 대한 기대를 저버려서는 안 되겠다는 것과 책임감 있는 삶을 살아야겠다는 생각을 하게 되었다. 철이 없을 때는 귀엽지 않다는 이유로 내 이름을 싫어했고, 이름을 지어 주신 할아버지를 원망하기도 하였지만, 나이가 들고 보니 내 이름 속에 깊은 뜻이 있었고 할아버지의 나에 대한 소망과 축복의 내용이 있었다는 것을 알고 내 생각이 바뀌고 인생관이 바뀌게 되었다. 정말 할아버지께 감사드린다.

### 8) 이윤 포기[성경애]

13년 전, 결혼 한 지 2년 만에 사랑하는 딸을 얻었다. 당시 유행하던 드라마에 주인공 이름이 '신'이었다. 성은 생각나지 않지만, 당시 아주 마음에 드는 이름이었다. 그래서 딸아이를 낳고 외자로 이름을 짓고 싶었다. 1999년 10월 아이가 태어나고 병원에서 끊어준 출생확인서를 들고 지인이 소개해준 작명소를 방문하였다.

유명한 곳이라더니 예약을 하고 방문을 했는데 사람들이 꽤 많았다. 순서를 기다리고 작명가를 만났다. 원하는 이름들이 있느냐고 묻기에 본래 집안 돌림자가 '정'자여서 돌림을 쓰면 어떻겠냐고 물었으나, 돌림자인 '정'자를 쓰면 장에 이상이 생긴다고 했다. 그래서 좋은 이름을 지어 달라고 했다. 물론 외자의 이름을 원한다는 말도 덧붙였다. 드디어 네 개의 이름을 받았다. 지홍, 현승, 성수, 윤.

신기하게도 모두 남자들이 많이 쓰는 이름들이었다. '아마도 대성할 사주인가 보다'라는 생각으로 뿌듯하게 작명서를 손에 쥐고 왔다. 며칠을 고민하고 또 고민했다. 부모님이랑 어른들께 여쭤도 보고 친구들에게 투표하라고도 하는 등 갖은 유난을 다 떨었다. 드디어 결정되었다. 처음부터 원했던 외자의 이름 '윤'이 결국은 딸아이의 이름이 되었다.

사람들은 아이가 윤이 나서 '윤'이라고 이름을 지었나 보다, 혹은 잘 살라고 '윤'이라고 지었나 보다, 이러면서 덕담을 많이 해 주었다. 아주 맘에 드는 이름이었으나 사람들이 부를 때 윤아~~, 혹은 윤이야~~윤희야~~ 등등 잘 못 불리기 일쑤였다. 이름은 원래 많이 불려서 그 뜻대로 되라는 의미가 있다고 들었다. 하지만 우리 아이의 이름을 명확히 '윤'으로 부르는 사람은 많지 않았다. 매번 아이의 이름을 알려줄 때마다 '외자로 윤입니다.' 이렇게 말을 해야 빨리 알아들었다.

한번은 아이가 보채다가 소량의 혈변을 보았을 때 주변에서 장염일 수 있다고 해서 병원에 갔다. 병원에서 하는 말이 장 중첩일 가능성이 있다고 70%는 시술로 풀리고 20% 정도는 수술해야 한다고 했다. 시술했지만 소용이 없었다. 바로 응급 수술에 들어갔다.

아이를 병실에 누이고 한시름 놓고 있을 때 문득 생각이 났다. 이름을 잘 써야 건강하다고 하던데 작명 당시 돌림을 쓰면 장이 안 좋을 것이라고 했던 말이 기억났다. 나쁘다고 해서 피해 갔는데 이렇게 피하지 않았다면 애 잡을 뻔한 건가? 아니면 괜한 미신을 믿고 있었던 건 아닌가? 하는 생각이 스칠 때쯤 남편이 집에서 몇 가지 가재도구를 챙겨 들어오며 아주 황당한 말을 했다.

남편 왈, 늘 그랬던 것처럼 집 부근 신호등 앞에서 신호에 걸려 파란불을 기다리다 문득 차창 건너편 주유소를 봤더니 커다란 현수막에 이렇게 씌어 있더란다. '이윤 포기'. 이윤 남기지 않고 장사한다는 홍보문인데, 마치 우리 딸아이인 이윤이를 포기한다는 것으로 느껴졌다나?

아이는 다행히 수술 경과가 좋아서 며칠 후 퇴원을 하게 되었고, 그 길을 지나며 씌어 있는 '이윤 포기'라는 글자를 보고 우리 부부는 모두 깔깔대며 웃었다. 무사 귀환을 환영해 주던 '이윤 포기'가 아직도 생각이 난다.

딸아이 윤이 3학년이 되던 해에 북경에 왔다. 처음에는 중국어도 영어도 익숙지 않은 상황이라 어려움이 많았다. 하지만 내 이름처럼 '북경을 사랑한다(成京爱)'에 부합해서인지 북경생활에 재미있고 즐겁게 적응해 갔고, 아이도 적극적인 성격 덕분에 좋은 학교에 입학해 문제없이 잘 지내고 있다.

중국에서도 작은 에피소드가 있다. 중국 말로 '같다'를 발음하면 소리나는 대로 '이양(一样)'이다. 그래서 우리는 가끔 딸아이를 놀릴 때 이렇게 부른다. '이양(李孃)'이라고 그러면 딸아이는 '워스부이양(我是不一样)'(뜻: 나는 같지 않아)이라고 대답한다. 발음이 비슷한 것을 이용해, 이처럼 우리 가족끼리는 양국의 언어로 가끔 말장난을 치곤 한다.

북경에서도 딸아이의 이름은 통하는 듯하다. 중국은 대개 이름을 한 글자로 짓는다. 이유는 주대 이후 중국은 자신들이 세계 최고의 국가라는 것을 강조하기 위하여 단 한 글자로 국호를 정하는 것을 유행으로 삼았다고 한다. 중국에서는 상위의 진리는 모두 한 글자이며, 하위의 모양새는 두 글자를 쓴다고 말한다. 따라서 춘추전국시대에 활동한 중국의 유명한 사람들을 보면 이름이 외자이거나, 길어야 두 글자이다. 전한(前漢)을 멸망시키고 신을 세운 왕망(王莽)은 문명인인 중국인이 두 음절의 이름을 짓는 것은 오랑캐와 같다고 수치로 여겨 한 글자만으로 이름을 지으라고 명령을 내린 적도 있다고 한다. 우리나라는 목종 때부터 외자 이름의 한계를 느껴 두 글자 이름을 장려했다고 한다.

딸아이는 1글자 이름을 가지고 중국이라는 광대한 나라에서 열심히 공부하며 즐겁게 생활해 나아가고 있다. 이윤을 남기기 위해서.

### 9) 김상주

내 이름은 김상주. 한자로 金相珠. 부친께서 언니의 이름 상희의 '상'자를 돌림으로 받아 구슬처럼 보석처럼 살라고 해서 그렇게 지으셨다. 최근에 다시 여쭈었더니, 언제, 어디에 있든 네가 있는 곳에서 구슬처럼 보배가 되라는 뜻이란다. 좋은 뜻으로 지으셨다지만, 그리 털털하지 못한 내 성격상 '상주'라는 음을 가진 이름으로 살아가는 게 그리 쉽지만은 않다.

첫째, 내 이름을 말로 할 경우, '김상주입니다.'라고 하면 '성주 씨요? 성주 씨.' 열이면 열, 내가 정정하지 않으면 상주라고는 아무도 생각하지 못한다. 아마도 여성 이름으로는 어울리지 않기 때문일 게다.

둘째, 문상 때마다 여기저기서 '상주! 상주!'하며 찾을 때, 왜 이렇게 기분이 이상하고 씁쓸한지……. 

두 가지 사례를 들었지만 이런 일들로 마음이 상할 때가 참 많았다. 그럼 지금은 어떨까?

나는 지금 프랑스 영주권자로 살아가고 있다. 처음 만든 여권에 기재되었던(배낭여행의 목적) 성명의 영문 표기가 'Kim sang-ju'였고,

그땐 프랑스어를 몰랐을 당시였으니 문제가 안 되었다. 그런데 장기 유학 비자를 받기 위해 처음으로 관공서를 찾았을 때, 이름을 본 순간 관공서 직원들이 키득키득 웃기 시작하는데 영문도 모른 채 기분이 너무 나빠 거길 뛰쳐나오고만 싶었다. 왜들 그러냐고 화를 냈더니만 "당신 이름, 이거 불어 표기 아니죠? 불어 발음으로 뭔지 아시죠?" [사실 그땐 어학 초급단계라] 아뇨, 그랬더니 [다시 한 번 더 키득키득] sang(피) ju(s)(즙)이란 뜻이고 발음을 하면 '쌍쥐=원숭이'라고 친절히 영어로 알려주었다. 처음 여권을 만들 때 정해졌기 때문에 훗날 프랑스어 표기로 바꾸려고 해도 쉽지가 않았다. 프랑스어식 표기로 쓴다면 'sang=san, sain, saint… 등' 'ju=jou, jeu 등'이 되어야 하니. 그 직원들로서는 웃을 만한 일이었다.

한국에서보다 더 더욱 혹독한 현실이 되어버린 셈이다. 그때 내 생각엔 "나는 내 이름의 굴레에서 벗어날 수 없구나!" "정말 힘들다면 개명이라도 해야겠구나!" 심각하게 고민했다. 어여쁜 20대 중반의 여학생이 원숭이라니!

유학생활 초기라 모든 관련 서류들을 해결해야 할 시기[학교등록, 비자신청, 보험가입, 구좌개설 등등]였기에 이름을 어디 내놓을 때마다 속으로 오그라드는 경험을 매일같이 했던 기억이다. 정말 한국의 '상주'와 프랑스의 '상주', 나 자신도 좀 가여웠다.

### 10) 이백만

"너는 언제 '삼백만' 되냐?"

"본명 맞으세요? 참 좋은 이름입니다. 절대로 잊어버리지 않겠네요."

선거 운동을 하면서 아주 많이 듣는 말이다.

"본명 맞습니다. 할머니가 지어준 이름입니다."

초등학교 다닐 때 이름 때문에 친구들로부터 놀림을 많이 받았다.

"네 형은 이천만이냐?"

"너는 언제 삼백만 되느냐?"

"뭐 그런 이름도 다 있냐?"

이런 말을 수없이 들었다. 중학교와 고등학교 때에도. 짜증이 날 정도였다. 그래서 이름 바꿔 달라고 아버지한테 강력히 요구했지만 허사였다.

우리 형제의 항렬은 상문, 상정, 상철, 상석. 나만 항렬 이탈이다.

내 이름에는 애절한 사연이 깃들어 있다. 태어나던 해에 아버지 사업이 크게 기울어 많은 빚을 지게 되었는데, 할머니께서 "백만 원만 있으면" 하는 생각으로 어린 아기한테 "백만아 백만아" 불렀다. 그러던 어느 날, 면사무소 직원이 와서 호적에 입적해야 한다면서 이름을 묻자, 할머니는 "이 아기 이름은 반드시 '백만'으로 하시오."라고 주문했고, 면사무소 직원은 그대로 '백만(百萬)'으로 호적에 올렸단다.

사실 그 당시의 백만 원은 아주 큰 액수의 돈이었다. 할머니는 무척 억척스러운 분이었다고 한다. 할머니는 각고의 노력 끝에 빚을 다 갚아, 집안을 다시 일으켜 세웠단다.

초등학교 다닐 때는 내 이름이 싫었다. 이름을 바꿔주지 않는다고 며칠간 학교도 가지 않고 밥도 먹지 않고 억지로 굶기도 했다. 하지

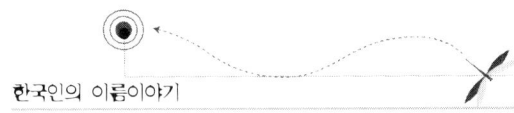

만 요즘엔 선거를 하면서 이름 덕을 많이 보고 있다.

### 11) 공포의 조도토리 씨[김순자]

이름에 관한 한 나는 참 할 말이 많은 사람이다. 그래서인지 다른 사람들의 이름에 대해서도 관심을 두고 눈여겨보게 되었다. 그중 20대 초반에 만난 조도토리 씨는 그 이름 자체만으로도 나를 공포에 휩싸이게 했다.

그분의 이름에 얽힌 사연을 소개하기 전에 우선 내 이름에 얽힌 사연을 먼저 적어본다.

내 이름이 순자라는 사실을 알게 된 것은 중학교에 입학해서였다. 호적이 2년 늦게 되어 있었기 때문에 초등학교 입학할 무렵, 취학통지서가 나오지 않았고, 나는 친구들의 입학식에 따라갔다가 나도 학교에 다녀야 한다며 선생님께 떼를 썼고, 입학식장에서 이름과 주소를 적어내고 입학을 했다. 아마 지금 같으면 어림도 없는 일이었겠지만 그땐 그게 통했다.

중학교에 입학하기 전까지 내 이름이 김은경인 줄만 알고 살았다. 그런데 이게 웬일인가? 중학교에 입학하고 보니 내 이름은 김순자였던 것. 중학교에 입학하기 전까지 한 번도 주민등록 등본을 떼어 보지 않았고 어른들도 내 이름이 호적에 순자로 올라가 있다는 것을 이야기해 주시지 않았기 때문이었다.

할아버지께서 내 이름을 순자라고 지으셨고 호적에 올려놓으셨지만 정작 집안에서는 은경이로 불리었고 지금까지도 친척들은 내 이름이 순자라는 사실을 모르고 있다. 할아버지께서는 '순자', 어머니 아버지께서는 '은경'. 이렇게 각각 이름을 지으셨던 모양이다.

더 웃기는 것은 순자라는 이름을 지으셨던 할아버지께서도, 돌아가실 때까지 나를 항상 은경이라 부르셨고 순자라는 이름은 한 번도 부르시지 않으셨다는 사실이다. 그렇다 보니 내 이름에 관해 사람들은 참 말이 많았다. 이름과 정말 안 어울린다, 촌스럽다, 영부인이냐? 등등. 내 이름에 관해 꼭 한마디씩은 했고 그 때문에 나는 실지로 사용하는 은경이라는 이름으로 개명할까 생각도 했었다. 하지만 이름을 지어주신 할아버지를 생각하며 이름이 두 개인 것도 나쁘지만은 않다는 긍정적인 생각으로 개명할 생각은 이미 접은 지 오래다.

초등학교 3학년 때 아버지께서 위암으로 세상을 뜨셨고 이 때문에 집안 형편이 엄청나게 어려웠다. 취업해야 하기에 여상을 가게 되었고 여상을 졸업하던 해인 1984년 3월 대전성모병원에 입사했다. 경리과 소속으로 수납창구에서 외래환자들의 처방전을 받아 계산을 하며 수납을 할 때의 일이다.

1980년대로 들어서며 사람들은 한글이름을 선호했었는지 소아과 환자들의 이름은 순우리말로 지어 예쁜 이름이 많았지만, 그 이외의 과 환자들은 너무나 특이한 이름이 많았다. 그러던 어느 날 나는 대형 사고를 치고 말았다. 환자들이 처방전을 가져오면 계산기로 계산한 다음 "OOO님 얼마입니다."라고 말을 하고 돈을 받는다. 그날도 여느 때처럼 환자분의 처방전을 받아 계산하고 이름을 불러 금액을 알려주고 돈을 받으면 되는 일이었는데 의사선생님께서 글씨를 잘못 쓴 건지 모르겠지만, 처방전에는 '조도토리'라는 이름이 쓰여 있는 게 아닌가.

아무래도 잘못됐다 싶어 내과로 전화를 걸어 이름을 확인했지만 조도토리가 맞는다는 것이었다. 평소에 웃음이 많았던 나는 그 순간 웃음이 터져 나오려고 했지만 죽을 힘을 다해 참았다.

"조도토리님 000원입니다."라고 말을 해야 하는데, 가슴 속에서부터 터져 나오는 웃음을 참으려다 보니 난 아무 말도 할 수 없었다. 웃음을 참느라 얼굴은 완전히 홍당무가 되었고 식은땀마저 흘리며 안절부절하다 결국은 사무실 밖으로 뛰쳐나와 화장실로 도망쳤다. 이미 터져 나온 웃음을 참지 못하고 미친 사람처럼 화장실 문을 잠가 놓고 웃어댔다.

'왜 사람 이름을 도토리라고 지었을까? 도토리가 뭐야!'

오직 그 생각뿐이었고, 너무 많이 웃다 보니 아랫배마저 아파 왔고 화장실 밖에서 차례를 기다리던 사람들이 계속 화장실 문을 두드려 댔지만 난 한동안 화장실 밖으로 나올 수가 없었다. 그날 나는 업무 중 자리를 비웠다는 이유로 담당과장님께 불려 가서 눈물이 쏙 빠질 만큼 혼이 났다.

70이 넘었던 조도토리 씨는 당뇨 합병증으로 일주일에 몇 번씩 우리 병원에 내원을 했고 공교롭게도 그분의 처방전은 꼭 내가 계산을 하게 되는 악순환이 거듭되었다. 그 후로 나는 하루의 일과를 시작하기 전 마음속으로 기도했다.

"오늘은 제발 조도토리 씨 처방전을 계산하지 않게 해주세요."

조도토리라는 이름만 보면 왜 그렇게 웃음이 터져 나왔는지. 낙엽만 굴러가도 웃음이 나온다는 20대 초반의 나이여서 그랬을지도 모르겠다. 어쨌든 난 조도토리 씨를 또 만나게 되면 어쩌나 하는 불안한 공포심에서 한동안 빠져나올 수가 없었다. 그럴 때마다 조도토리 씨는 그런 나를 바라보시며 상당히 애매한 표정을 보이셨고, 난 터져 나오는 웃음을 간신히 참아내며 처방전을 계산하고 돈을 받았었다.

조도토리 씨와 그렇게 만난 지 1년여. 그때마다 웃음을 참아내느라 힘들었지만, 그 후론 더는 병원에 오지 않았다. 그분이 세상을 떠났다는 이야기를 들었을 때, 비로소 너무나 죄송했다는 생각이 들었다. 많이 늦었지만 27년이 지난 지금 그분께 사죄를 드리고 싶다.

터져 나오는 웃음으로 그분의 이름을 제대로 부르기는커녕 눈조차 제대로 마주칠 수 없었고 그분의 처방전을 절대로 계산하지 않게 해 달라고 기도까지 드렸던 내 마음을……. 낙엽만 굴러가도 웃어대던 철없던 아가씨가 지금은 40대 중반을 넘긴 아줌마가 되어 당신을 떠올리며 사죄를 드리오니 노여우셨던 마음 푸시고 하늘나라에서 편안히 쉬시라고…….

## 12) 박처녀 고객님[고명자]

지금 내가 하는 일은 고객을 많이 만나고 상담도 하는 일이다. 그러다 보니 만나는 고객님들 중에서는 참 특이한 이름을 가지고 계신 분들이 많다. 그런 분들의 이름을 접할 때면 새삼 이름이 얼마나 중요한지 깨닫게 되고 때마다 '나중에 우리 아이가 태어나면 이름을 잘 지어 줘야지.'하고 늘 생각한다.

나는 고등학교를 졸업하고 바로 취직을 했다. 처음 맡은 업무는 은행창구에 앉아 고객들을 대하는 일로 대부분 신규 은행원들이 거치

한국인의 이름이야기

는 과정이었다. 창구에서 일을 보면서 고객의 이름을 호명하는데 고객의 이름이 '박처녀'였다.

"박처녀 고객님, 박처녀 고객님."

이렇게 불렀는데 그 자리에 고객님이 안 계셨는지 고객님은 오시지 않았다. 좀 특이한 이름이라 고객용 의자에 앉아 있던 다른 고객분들이 고개를 숙이고 애매한 표정을 지으셨고 난 고객님들의 표정을 알아챘다. 하지만 그때는 전혀 이상하단 생각을 못 했다. 오히려 '어, 이상하다. 왜들 그러시지? 내가 뭘 잘못했나?' 하고만 생각하고 있었다. 그래도 사회 초년생이라 당당하게 맡은 업무를 다 해야겠다는 생각이 들었다.

'뭐 내가 잘못한 것도 없는데 고객님 이름 한 번 더 부르고 빨리 일을 처리해야겠다.'

이렇게 생각하면서 고객 이름을 한 번 더 불렀다.

"처녀 고객님, 처녀 고객님 안 계세요? 다음 고객님 모시겠습니다."

순간 그때야 '아!' 하고 느낌이 왔다. 고객용 의자에 앉아있던 고객들도 웃음을 참기 어려웠던지 한 분이 웃기 시작했다. 한 분이 웃기 시작하니까 다른 분들도 참았던 웃음이 제동이 풀린 모양이었다. 지금 생각으로 한 6~7명 정도의 고객분이 계셨던 걸로 기억이 난다. 그분들이 모두 웃기 시작했다. 직원들도 서로 눈치를 보면서 웃기지만 웃지도 못하는 뭐라고 표현할 수 없는 상황이 됐다. 그 파장은 지금도 잊을 수 없다.

그때 마침 그 박처녀 고객님이 은행 안으로 다시 들어왔다. 눈치 빠른 고참 선배가 얼른 나가서 그 고객님을 모시고 들어와 상담실 안으로 들어갔다. 그 고객님은 영문도 모르고 왜 오늘따라 이러느냐고 물어보시는데 참, 할 말이 없었다. 선배직원이 상담실 안으로 모시고 들어가 자초지종을 설명했다. 그 마음씨 좋은 고객님은 웃으시면서 "그런 일 많이 있어요." 하였다. 그 이후로는 그 고객님만 보면 얼마나 미안했는지 모른다.

한 2년 전쯤, 그 고객님이 은행에 와 나를 찾았다. 그러고는 '박미순'으로 개명했다고 말해 주었다. 개명한 뒤로는 사람들에게 이름을 밝히는 것이 자연스러워졌다고 한다. 정말 사람에게 있어서 이름이 얼마나 중요한지 다시 한 번 알게 되었던 사건이다.

## 13) 내 친구 천재호

초등학교 6학년 때 재미있는 이름을 가지고 있는 친구가 있었다. 바로 '재호'라는 이름을 가진 친구였다. 이름 자체는 별다르지 않게 여겨지지만, 성과 함께 이름을 부르면 매우 특별한 이름이 된다.

이 친구의 이름은 다름 아닌 '천재호'.

당연히 '재호'의 별명은 '천재'가 되었다. 이 별명 때문에 많은 다툼도 있고 이 친구에게는 상처가 되는 일도 많았다. '천재'를 '천하에 재수 없는'이라고 놀리던 시절이었기 때문에 기분 나쁜 의미로 바꿔서 부르곤 했다. 그리고 시험성적이나 수업시간에 질문에 대해 잘 대답하지 못하면 이름은 천재인데 공부는 못 하냐며 놀리기 일쑤였다.

그리고 특이한 성씨 때문에 다른 별명도 생기기도 했다. 수업시간에 '천방지축'이라는 말을 배우면서 옛날 천민들의 성씨라는 것을 배웠을 때였다. 그 이후로는 '천재 노비', '천민 재호' 등, 들을 때 좋지 않은 별명들이 우후죽순처럼 늘어나 버렸다.

'재호'라는 친구의 별명은, 재미보다는 당사자에게 상처주는 일이 많았던 것 같다. 자신의 실수나 성향과는 상관없이 이름이나 성씨 때문에 일방적으로 놀림감이 되는 일이 생기는 것을 보면 그 친구에게 미안하기도 하고 혹시 요즘에도 이름 때문에 상처받는 친구들이 있을지 걱정되기도 한다.

### 14) 라조기를 먹어 봤나요[나숙기]

우리 집안에서는 내 서열의 돌림자로는 이름 첫 글자에 '基(기)' 자가 들어간다. 그런데 사촌들과 오빠는 항렬자를 따라 그렇게 이름을 지었는데 나와 여동생만 첫 글자가 아니라 끝 글자에 '基(기)'자가 들어갔다. 그동안은 신경을 안 쓰다가 대학생이 되어서야 아버지께 여쭈어 봤더니, 항렬자를 따라 하자니 마땅한 이름이 없는 데다, 겨우 지은 '기숙'이가 맘에 안 들어 '숙기'로 바꿨다고 대수롭지 않게 말씀하셨다.

어렸을 적에는 이름을 라숙기라고 했다. 국어 시간에 분명히 두음법칙을 배웠을 텐데 계속 '라숙기'라고 고집한 것은 '나숙기'로 쓰면 가벼워 보일 것 같아서였다. 그런 내 이름이 뜨기 시작했던 때는 여중을 다니면서부터가 아닌가 싶다. 전교생 중에 하나밖에 없는 이름이라서 자부심도 강했다. 참고로 내가 다니던 학교에서는 시험을 보고 나면 현관 입구에 전교생 성적을 공개했었다.

그 자랑스럽던 이름이 언제부턴가 한문 선생님으로부터 중국집 요리 메뉴인 '라조기'로 별명이 불리기 시작했다. 친구들 사이에서도 놀림 반 비슷하게 불리었다. 역시도 교무실에 볼일이라도 있어 가게 되면 한문 선생님께서는 '어이, 라조기 이리와 봐!'라고 불러서 다른 선생님들까지 무명인 나를 알아보게 되었다. 아마 성격이 예민하고 여성스러웠다면 창피해서 울고 또 울었을 것이다. 그러나 난 그 별명을 성인이 되어서까지 요긴하게 잘 활용했다. 여러 사람 앞에서 자기소개 할 때면 늘 이랬다.

"안녕하세요. 여러분, 중국집에 가서 라조기를 드셔 보셨나요? 저는 라조기가 아니고 라숙기입니다."

그래서 어느 교수님은 중국집에 가서 자장면을 먹어도 내 이름이 생각난다고 하셨다. 굳이 소개하지 않아도 둥글지 않은 이름이라 사람들이 고맙게도 잘 기억해 주었다. 한 번 들으면 잘 잊어버리지 않게 된다는 사람들도 많았다. 그런 만큼 행동에서 늘 조심스러웠다. 더구나 시골의 좁은 동네에서는 어딜 가든 이름에 책임을 지는 언행이 필요하다.

이름 끝에 '基' 자가 붙어 있으니까 어디서든지 이름을 물어보면 항상 이름을 말하면서 "태극기 할 때 '기'자예요."라고 말해야 하는 불편함이 있다. 안 그러면 '나숙희'라고 쓰기 때문이다. 하지만 언제까지 '라숙기'로 사용할 수만은 없었다. 한국어를 가르치는 사람으로서도 그렇고, 주위의 나 씨들이 항의했기 때문이다. 그래서 재작년 2월에 주민등록증을 바꾸면서 '나숙기'로 바꿨다. 그런데 앞으로 어떻게 소개를 해야 사람들에게 이름을 확실하게 알릴 수 있을지 걱정이다. '나는 조기가 아니고 숙기예요'라고 소개 멘트를 바꿔야 하는 건지.

작년 여름에는 이름에 대한 또 다른 고민을 했었다. 어느 날 내가 가르치는 일본인 친구가 가르쳐 주지도 않았는데 내 한자 이름을 맞게 써 놓고 기다리고 있었다. 일본 친구의 남편 이름을 개명하면서 호기심에 내 이름도 일본의 작명법으로 따져 보고 싶었던 것이었다. 알고 보니 평소에 작명에 관심이 많았다고 한다. 내 이름을 처음 듣고 그때부터 이름에 대해 분석하고 싶었다고 고백했다. 일본에서는 이름을 가지고 이쪽저쪽의 획순을 더해서 그 사람의 성격과 재운, 건강운, 명예운, 궁합 등을 본다고 했다.

그 말을 듣고는 궁금해져서 내 이름을 봐달라고 했다. 대뜸 장사는 하지 말라고 했다. 신기하게도 내면에 숨겨진 성격까지 맞혔다. 하지만 안타깝게도 재운은 없어 돈이 안 모인다면서, 장사는 절대로 하면 안 된다고 했다. 물론 그 밖에 여러 가지 이야기를 해주었지만 돈 얘기와 이름을 바꿔보라는 말만 귀에 들어와 다른 것은 안중에도 없었다.

일본 친구 말로는, 이름 자체를 바꾸라는 것이 아니고, 좋은 획순을 만들게 한자어를 바꾸라고 했다. 예를 들어 45가 좋은 숫자인데 이름을 합친 획순이 43이라는 숫자가 나왔다면 이름 중에 한 글자를 고쳐 획순을 맞추라고 했다. 일본인 친구로부터 이름에서 돈이 샌다는 말에 이름을 바꿀까 싶어 옆집의 아주머니를 찾아갔던 적이 있다. 왜냐하면, 옆집 아주머니의 아들이 2년 전에 '정근'을 '병근'이로 이름을 바꾸더니 나이가 많고 몇 년을 놀았는데도 직장엘 다니게 되고, 자주 잔병치레를 하더니만 건강해졌기 때문이다. 어디서 이름을 바꿨는지 궁금해서 물었더니 누구 이름을 바꾸려고 하느냐고 오히려 되물었다. 내 이름이라고 했더니 이름을 바꾸면 지금까지 살아온 인생만큼을 다시 시작해야 한다며 바꿀 것을 말렸다. 겉으로만 보아 온 것이 다는 아니었는지 아주머니는 한숨을 쉬며 말했다. 귀가 얇은 것도 문제지만 인생을 다시 시작한다는 것이 왠지 내키지 않아 없던 일로 해 버렸다.

어느 책에선가 보니 한국에서도 이름을 지을 때는 획순이 홀수 – 짝수 – 홀수 아니면 짝수 – 홀수 – 짝수가 좋다고 해서 내 이름을 갖고 따져 보기도 했었다. 그렇게 따졌더니 내 이름이 결코 잘 지어진 이름이 아니었다. 학력도 있고, 공무원을 하신 아버지께서 왜 그렇게 성의 없이 이름을 지었는지 원망이 들기도 했었다. 이름 때문에 늦게 결혼한 것 같고, 순탄하지 않았던 기억까지도 잘못 지어진 이름 탓으로 돌리고 싶었다. 그런 어리석은 생각이 한동안 가다가 우연히 만난 중학교 동창에게서 나온 '라조기!'라는 말 한마디에 생각을 바꿨다. 라조기라는 별명으로 이름이 생각나고, 그 이름의 주인공에 대한 언행을 기억하게 되니 참 대단했다. 이제는 어쩔 수 없다. 부모님께서 주신 몸만큼이나 이름도 소중하게 간직해서 이름에 먹칠하지 않는 인생을 살아야겠다는 생각을 해 본다.

### 15) '자연'이 '과학'으로 바뀌었냐?[김자연]

나는 1남4녀 중 막내로 태어났다. 남자인 오빠가 첫째고 그 밑으로 딸만 넷이다. 우리 남매의 모든 이름은 아버지가 지어주셨다. 오빠는 돌림자를 쓰고 있어서 그것에 맞춰서 이름의 끝 자가 '종'으로 끝난다.

어머니가 첫째 아들을 낳고, 둘째는 딸을 낳았다. 내 아버지는 이

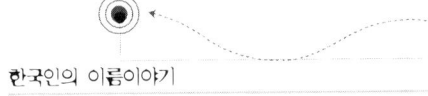

름에 큰 의미를 두시지는 않는다. 어머니가 딸을 낳자 아버지께서 그 밑의 아이들 이름까지 지어놓으셨다. 이름의 끝 자는 "연" 자 돌림으로 하고, 우리가 살고 있었던 곳이 "나주"였다. 그래서 아버지가 생각하신 네 명의 자녀이름의 첫 자는 "나주서장"으로 하고 끝에 "연"을 붙이기로 하셨다.

그 후 어머니가 딸 셋을 낳았다. 그래서 첫째 언니 이름이 "김나연" 둘째 언니의 이름은 "김주연" 셋째 언니 이름은 "김서연"이다. 그리고 넷째인 나를 낳았는데 "김장연"이라고 하자니 이름이 너무 어색해서 "김자연"으로 바꿨다. 그렇게 이름을 짓고 출생신고를 하러 가서 한자를 대충 골라 집어넣었다. 언니들은 끝의 "연"이 "연꽃 연(蓮)"인데 나만 "그렇다 연(然)"이다. 그래도 이름들이 촌스럽지는 않아서 아주 어려서는 그다지 어려움(?)은 없었다.

그런데 초등학교를 입학하게 되었는데 초등학교 과목에 '자연'이라는 과목이 있었다. 저학년 때는 '슬기로운 생활'이라서 잘 몰랐는데 고학년이 되면서 이 '자연'이라는 과목 때문에 엄청난 놀림을 받았다. 다들 내게 물었다. "'자연', '만물'이라고 할 때의 그 '자연'이라는 의미냐?" 이 질문을 사회에 나오기까지 계속 들었던 것 같다. 선생님들까지 은근히 한마디씩 했다.

그러다 중학교에 입학했는데 어떤 선배가 운동장에서 크게 외쳤다.

"네 이름 과학으로 바뀌었느냐?"

"영어 이름으로 nature이지?"

그전까지는 아무런 생각이 없었던 내 이름 때문에 점점 상처를 받아갔다. 그리고 예쁘다고 생각했던 내 이름이 점점 싫어졌다. 그렇다고 해서 바꾼다는 건 상상도 할 수 없었다. 지금 생각해 보면 아무것도 아니고 그냥 넘어갈 수 있는 놀림이었는데, 그때는 자꾸 들으니 많은 상처를 받았던 것 같다. 그래서 셋째 언니 이름이 참 부러웠다. 예쁘기도 하고 그 당시에는 '서연'이란 이름을 찾아보기 어려웠으니까. 그렇지만 어느 순간 '서연'이라는 이름이 유행되어서 이제는 너무 흔한 이름이 되어 버렸다.

어렸을 때 그렇게 내게 상처를 줬던 내 이름이 이제는 뭔가 특별해서 좋은 것 같다. 한번 들으면 쉽게 잊어버리지 않는 내 이름에 이제는 자부심이 생긴다. 그렇지만 내가 학창시절 이름 때문에 너무 놀림을 많이 받아서 내 아이의 이름을 지을 때는 신중해야겠다.

## 16) 옹녀?[유성희]

내 오빠들은 모두 돌림자인 '한' 자를 쓰는데, 나만 막내라고 유옥녀라고 이름을 지어 주었다. 어릴 때는 아무 문제가 없었는데, 대학교 때 교수님이 내 이름을 부르면서 내가 약간 늦게 대답하니까,

"왜 영화촬영하다가 늦었니?"

이랬다. 다른 학생들이 막 웃어댔다. 왜 웃는지 몰라서 강의 시간 끝난 후에 애들한테 물어보니 〈변강쇠〉라는 영화가 있는데 이 영화의 여자 주인공 이름이 옹녀라는 것. 그런데 이 옹녀라는 사람이 남자를 밝히고 성적으로 센 여자라는 것이었다.

나는 그 영화를 본 적도 없고 아직 이런 영화에 대해 들어 본 적이 없는데, 다른 사람들은 나한테 말은 안 했지만 대부분 이 영화에 대

해 알고 있었고, 이름에 대해 이런 편견을 가지고 있었다는 것을 알게 되니 내가 너무 그동안 무지했었고 창피하다는 생각이 들었다. 내 이름은 분명히 옥녀인데 왜 사람들은 옹녀로 착각하는지 모르겠다.

대학 졸업 후 영양사로 취직 후에 회사 사람들이랑 무릉계곡으로 등산을 갔는데 직원들이 언제 "여기 와서 목욕하고 갔느냐?"라며 웃었다. 무릉도원에는 '옹녀탕'이 있고, 전라북도 남원시에 백장계곡에 있는 공원인 '변강쇠백장공원'이 있는데 〈변강쇠타령〉의 작품 속 배경이 되는 지역으로서 변강쇠가 옹녀를 만나 운우지정을 나누었던 전설이 있는 곳이다. 비디오가게를 가든 산이나 계곡에 가든 내 이름과 관련된 곳이 많아 놀림을 많이 받았다.

내 종교는 기독교라 이름에 대한 운명이나 사주팔자라든가에 대한 신뢰도 없고 운명은 개척하는 것으로 생각하였기에 개명까지는 생각하지 않았다. 그런데 결혼 후 아이 둘을 낳고 나서 남편이 잘 다니던 직장을 그만두고 사업을 시작하였는데 잘되지 않고 부도를 맞게 되고 아이까지 아팠다. 안 좋은 일이 겹쳐오는 것이 이상하다면서, 싫다는 나를 데리고, 친구들이 마음이나 편하게 해준다며 사주 보는 곳에 갔는데, 내 이름이 좋지 않아 그런 것이라고 했다. 그 말에 마음이 약해져 개명하였다.

이름을 '옥녀'에서 '성희'라고 바꾸니 누가 이름을 물어보아도 창피하지 않고, 가정일이 잘 안 되어도 내 이름 때문이 아니라고 생각하니 마음이 편해서 아주 좋은 것 같다. 다른 사람들은 이름을 꼭 바꿀 필요까지 있느냐고 생각하는 사람도 있지만, 이름 때문에 스트레스 받은 내 마음을 몰라서 하는 말이다.

### 17) 정나비

내 이름은 '정나비'이다. 그 이름을 처음 들은 사람들은 열이면 열, '와, 예쁜 이름이네!' 혹은 '본명이세요?' 등의 반응을 보이며 재미있어 한다. 하지만 그 뜻을 물어보는 경우는 거의 없다. 곤충 '나비' 아니면 고양이의 별명이라고 흔히들 생각하기 때문이다.

하지만 우리 부모님은 좀 더 깊고 특별한 의미가 있는 이름을 지어 주었다. 성경을 처음으로 기록한 히브리어에서 '나비'라고 발음하는 단어는 '선지자'라는 뜻이 있다. 성경에서는 민수기 13장 14절에서 한 번 나온다. 첫딸에게 줄 이름을 성경에서 찾던 중 한국어에서의 예쁜 곤충 이름과 동일할뿐더러 많은 사람의 길을 하나님께서 주신 성경의 진리의 빛으로 밝혀 주는 '선지자'가 되라는 깊은 뜻이 담겨 있기에, 따다가 지어 주신 것이다. 그런데 곤충 '나비'만 알고 그러한 깊은 뜻을 알 턱이 없는 많은 사람에게 나비라는 이름은 놀림당하기 십상이었다.

가장 오래된 이야기는 세 살 때 일이다. 할머니께서는 동네에서 작은 가게를 운영하고 계셨는데, 어느 날 잘 걷지도 못하는 어린 손녀가 사라진 것을 알게 된 할머니가 '나비야, 나비야~'하고 부르며 나비를 찾았다. 마침 길을 쉬어가던 한 스님이 함께 걱정스러운 얼굴로 이렇게 말하였다. "여기 고양이 안 지나가던데요."

그 밖에도 이름과 관련한 크고 작은 일들이 많이 있다. 대학 입학을 위한 면접 때 학과장님께서는 중요한 질문을 하시기는커녕 이름을 보더니 '나비야~ 나비야~ 이리 날아오너라.' 하면서 동요를 부르는 게 아닌가. 이름을 들은 사람이 '나비야~ 나비야~ 이리 날아오너라.' 이 동요를 부른다는 게 선곡을 잘못해서 '나비 나비 개나리~' 노래를 시작하다가 '나비 나비 개…… 아, 이게 아닌데……' 하며 웃지 못할 상황으로 끝나게 되는 일들도 있었다.

대학교 입학이 허가된 후 기숙사 면접을 볼 때였다. 당시 면접관은 넷이었고 함께 면접장에 들어간 학생은 5명이었다. 내 차례가 되었는데 면접관 중에서 거의 70대가 되어 보이는 관장님이 질문하였다. "이름이 특이한데 그 뜻이 뭔가요?" 나는 자부심 가득한 말투로 설명했다. 설명이 끝나자 조금은 멋쩍은 표정으로 그분께서 이렇게 말했다. "그렇구나. 그런데 이 늙은이는 주책스런 해석을 해 보았지 뭐야. 이 꽃, 저 꽃으로 날아다니는 나비가 생각나서 바람기가 많은 사람이라는 뜻이 아니겠느냐고 생각을 해 봤지." 그분의 이름 해석은 지금 30이 되어서도 가장 충격적인 일 중의 하나이다. 그렇게 부정적인 해석을 들은 것은 처음이었기 때문이다.

이 이름을 가지게 된 것이 가장 즐거울 때는 아이들을 처음 만날 때다. 아이들을 아주 좋아하는 나로서는 아이들에게 나에 대한 호기심을 갖게 하는데 이름만큼 좋은 게 없기 때문이다. 지금 일하는 곳에서 아이들과 함께한 지도 반년이 더 지났는데 여전히 순수한 아이들은 "나비 선생님, 날 수 있어요? 날아 봐요."하며 친근함을 보인다. 그럴 때면 나는 "아무한테나 안 보여주지. 마음 예쁜 사람한테만 보여줄 거야."하며 아이들과 놀 수 있어 행복하다.

나는 이 이름을 가짐으로써 한글이름 '나비'의 아름다운 어감과 곤충 '나비'의 아름다움을 등에 업고 많은 이에게 쉽게 기억될 수 있는 사람이 되었다. 또한, 이름이 담은 '선지자'라는 깊은 뜻을 항상 마음에 기억하고 있다. 아름다운 어감과 이미지의 이름으로 사람들에게 쉽게 접촉하여 사망에서 생명으로 이르는 길로 모든 이들을 인도하는 선지자로서 한평생 살 수 있도록 해 주신 부모님과 하나님께 감사드린다.

### 18) 금주령[홍의숙]

어느 병원에서 일어난 일이다. 간밤에 응급실로 실려 온 환자의 이름을 보는 순간 간호사들이 박장대소를 하는 게 아닌가! 그 이름은 "금주령. 소화기 계통이 안 좋아 실려 온 환자의 이름이야말로 무슨 사연이 있음에 틀림이 없다. 입원실로 올라온 다음 희귀의 이름을 가지게 된 연유를 물어보았다.

사연은 환자의 할아버지께서 동네에서 두 번째 가라면 서러울 정도로 주당이었다고 한다. 할아버지는 아들을 셋을 두었는데 부전자전이라 세 아들도 그렇게 술을 좋아하다 보니 늘 삼부자가 술에 거나하게 취해 있는 것이 다반사였다.

그러던 어느 추운 겨울날, 셋째 아들이 이웃마을 초상집에 갔다가 술이 잔뜩 취한 채 집으로 오다가 개울가에서 넘어져 얼어 죽는 불상사가 일어났다. 이에 할아버지는 큰 충격을 받고 몸져눕게 되었고, 그즈음에 큰아들의 아들이 태어났다. 환자의 아버지는 아기의 이름을 지어야 호적신고를 할 수 있기 때문에 편찮으신 할아버지에게 세 가지 이름을 적어 보이자, 할아버지는 지그시 눈을 감고 한참을 있더니 "이 아이의 이름은 주령이라고 하여라." 하셨다. 그 아버지는 할아버지에게, "아버님, 아무리 그래도 '금주령'은 너무 그렇습니다." 하였지만, 할아버지는 '주령' 외에는 안 된다고 일침을 놓으셨단다.

이 환자는 성년이 되어서 친구들 하고 술을 한잔 하려고 해도 "너는 평생 금주령"이니까 술 먹지 말라고 친구들이 야단이었단다. 그러나 자기도 부전자전 술을 좋아해 급기야 병원에 실려 왔다고 하면서 웃었다. 그 할아버지, 선견지명이 있었던 것 같다.

### 19) 좋아합니다. 당신의 이름을[김숙희]

어릴 적부터 나는 내 이름을 좋아했다. 어떤 특별한 이유가 있어서라기보다는 부르기 쉽고, 기억하기 쉽기에 어떤 이름보다 마음에 들었다. 또 마음에 들지 않는다 하더라도 뭘 어떻게 할 수 있겠는가 싶다. 김숙희는 맑을 숙(淑)에 여자 희(姬)이다.

언니의 이름은 외할아버지가 지어주시고, 남동생의 이름은 친가의 먼 친척께서 지어주셨다. 엄마는 무심하신 아빠와 친할머니의 무관심에 내 이름을 어떻게 지어야 할지 막막했다고 하신다. 큰딸과 귀한 아들인 남동생만큼 내 존재는 그리 큰 비중이 아니었을 것이라고 짐작할 뿐이다. 할 수 없이 엄마는 당신의 이름과 언니의 이름에서 각각 한 자씩 빌려 와(?) 내 이름을 지으셨다. 엄마의 이름에서 희(姬)자를, 언니의 이름에서 숙(淑)자를 따와서 급하게, 그렇지만 마음만은 편하게 눈치를 받지 않으시고 김숙희라는 이름을 만드신 것이다. 엄마의 시집살이와 설움(?)만큼이나 내 이름에 얽힌 사연은 조금 씁쓸하다. 그렇지만 중요한 것은 거기에서 끝나지 않는다는 것이다.

김숙희의 숙희는 발음상 아주 자연스러운 연음으로 '수키'로 되었다. 이것은 닉네임이 되기도 했고, 간편한 영어식 이름이 되기도 했으며, 벌써 15년이 넘도록 사용하고 있는 내 이메일 계정이 되기도 한다. 김숙희는 '수키'가 되었고, 다시 'suki'가 되어서 가장 부르기 쉬운, 누구나 편하게 부를 수 있는 어떤 무형이면서도 가치가 충분히 서려 있는 '이름'이 된 것이다. 한자식 풀이에 대해서도 늘 만족한다. 곧을 정(政)을 가진 엄마처럼 똑 부러지고 매사에 정확함을 기해야 하는 성격을 타고나진 못했다. 어질 현(賢)자를 가지고 있는 언니처럼 지혜롭다는 소리를 매번 듣지는 못한다. 그렇지만, 맑을 숙(淑)자를 가지고 있는 나는 언제나 맑은 마음을 가지고 살겠다는 뜻을 품게 된다. 아직도 눈이 맑다는 소리를 듣는다. 그럴 때면 나는 내가 지닌 한자식 이름의 풀이에 집중하게 된다.

한번은 이런 일이 있었다. '수키'라는 닉네임으로 외국에서 잠시 있었을 때, 일본인 친구가 내 이름에 대해서 무척 재미있어했다. 일본어 발음으로 '수키'(すき)는 일본어의 '好すきだ'처럼 '좋아해'라는 가장 흔하면서도 편한 감정의 표현과 비슷하다는 것이다. 그래서 자꾸 그 친구는 '수키데스'라고 발음하며 장난스럽게 내 이름을 불렀다. 우연이라면 우연이겠지만, 내 이름이 비록 ㅗ 시작은 평범했더라도 소중하게 생각하고 그 마음을 항상 간직하고 있으면 누구에게나 편하게 불릴 수 있는 어떤 특별함이 주어진다는 생각이다. 그것이 꼭 '좋아해'의 뜻과 연결되어서만은 아니다.

## 20) 바다처럼 너그럽게 베풀면서 살아라[장관해]

내 이름은 장관해(張寬海). 나는 한때 내 이름이 너무 싫었다. 초·중·고교 시절에 수업시간마다 걸핏하면 내 이름이 불렸다. 특히 누군가를 발표시키기가 마땅치 않을 때 선생님들께서는 종종 나를 호명하셨다.

"장관해! 나중에 장관하려면 이 문제 정도는 풀어야지."
이러셨고, 친구들도 걸핏하면,

"너, 여자 장관 될래?"
하면서 놀리기도 했다. 그 당시엔 여자 장관이 없었고, 나도 장관이나 뭐 그런 큰 인물이 되려는 생각은 추호도 없었기 때문에 나는 이 말을 들을 때가 제일 싫었다. 하지만, 아버지께서는 늘 이름처럼 베풀면서 살면 나중에 훌륭한 사람이 될 거라며 자주 격려해 주셨다.

내 이름은 할아버지께서 지어주셨는데 그 동기는 이렇다. 1940년대에 할아버지께서는 그 당시 동네에서 유명한 한학자이셨는데 첫 번째 결혼한 할머니는 이미 돌아가신 상황이었고 두 번째로 맞이한 부인 사이에서 태어난 아들이 내 아버지셨다. 할아버지께서는 할아버지와 첫 번째 부인 사이에서 태어난 아들은 할아버지의 기대에 어긋나는 행동을 많이 해서 실망이 크셨고, 할아버지의 두 번째 부인과의 사이에서 태어난 아버지에게 온갖 기대를 많이 하셨다. 아버지는 할아버지의 기대를 저버리지 않으려고 엄청나게 많은 노력을 하였다.

그래서 결국 아버지가 장성하여서는 할머니와 할아버지를 모시고 살게 되었는데, 어머니는 효도하고자 하는 아버지와 시어머니[할머니] 사이에서 엄청나게 많은 시집살이를 겪으셨다고 한다. 어머니께서 첫 아이[나]를 임신했을 때는 할머니와 할아버지는 물론 어머니와 아버지께서도 아들이기를 무척 기대하셨는데 애석하게도 '나'는 딸로 태어났다. 그렇지만 그 당시 한학자였던 할아버지께서는 아들 못지 않은 큰 인물이 되라는 뜻으로 '관해'라는 이름을 지어주셨다. 성이 '장'씨이다 보니, '장관해'라는 이름으로 이름의 뜻이 더욱 커졌다.

　지금의 남편은 사촌 언니의 소개로 만났는데, [나중에 들은 얘기로는] 남편이 내 이름을 처음 들었을 때 '자식을 낳으면 장관이 될 수 있게 키우겠구나.' 하고 속으로 생각했다고 한다. 그래서인지 첫 딸은 가끔 영리하고 야무지다는 생각이 들기도 하지만 요즘은 잘난 척을 너무 하고 사사건건 부모한테 따지고 대들어서 너무 피곤하다.

　대학 졸업 후 직장생활을 할[장관이 될] 겨를이 없이 결혼하게 되었는데 결혼생활이 매우 힘들었다. 둘째 아들이 허약한 체질로 태어나 병치레하느라고 고생을 많이 했고, 원래는 시댁이 제사가 없었는데 시댁의 종갓집에서 제사지내기 싫다 해서 시어머님이 제사를 가져와 지낸다. 결혼 전에는 별로 아픈 적도 없었고 건강했는데 결혼 후 몸이 자꾸 아프고 기운이 없어 가끔 점을 보러 점집에 가기도 했는데 거기서 하는 말이 '내 이름이 너무 강해서' 그렇다고 한다. 그래서 5년 전쯤 전에 '개명'을 했다. 어감도 부드럽고 별 뜻도 없는 '지윤'(장지윤)으로.

　정말로 이름이 너무 강해서 내가 살기 어려웠는지 개명한 이후로는 집안일이 슬슬 잘 풀려 병치레를 많이 했던 아들은 건강해졌고, 딸도 원하던 대로 상급학교로 잘 진학을 했다. 그동안 고전을 면치 못하고 힘들었던 남편 사업도 잘되어가고 있다. 작명할 때 특히 사람의 이름을 지을 때는 부모의 기대나 바람이 잘 반영되기도 하고 또 그렇게 자라기도 하지만 내 경우는 부모의 기대가 너무 커서 많이 부담스러웠다.

### 21) 홀수이름[이선도]

내가 알고 지내는 사람 가운데 평범하면서도 아주 재미난 이름을 가진 이가 있다. 하는 행동들도 다른 사람과 달리 재미있다. 특이하게도 이분은 언제나 짝수보다 홀수를 좋아한다. 음식을 시켜도 홀수, 술을 마셔도 홀수, 줄을 설 때도 홀수, 하다못해 옷에 있는 단추의 개수도 홀수로 달려있어야 한다.

주변 사람들이 왜 그리 홀수를 좋아하느냐고 물었더니 정말 재미있는 대답을 했다. 그 부모님께서 자기 집 아들들의 이름을 '삼, 오, 칠'로 지어 주셔서 그들이 형제들은 무조건 홀수를 좋아한다는 황당한 대답이었다. 지금도 그렇지만 처음 그 이야기를 들었을 때 정말 배꼽을 잡을 만큼 재미있었다. 그 형제들의 이름을 보면 첫째 이삼영(李三英), 둘째 이오영(李五英), 셋째 이칠영(李七英)이다. 부모님께서 지어주신 이름인데 그 이유는 확실히 알 수 없다고 하면서 자기 형제들의 이야기를 들려주었다.

내가 아는 분은 셋째인 이칠영(李七英)이었다. 그다음부터 우리는 그 이름을 숫자화해서 불렀다. 이백칠십이라 부르기도 하고 줄여서 칠십이라 부르곤 하였다. 사람들이 그렇게 숫자화해서 부르며 웃긴다고 떠들고들 했지만 정작 당사자는 남들이 그렇게 부르고 놀려도 자기 이름에 대해서 아무런 불평불만이 없었다. 보통 사람들은 그 일로 스트레스를 받을 만도 할 텐데 오히려 자랑스럽게 말하고 다녔다.

그분의 그런 행동들도 이름 못지않게 사람들을 웃긴다. 그분의 일상은 항상 홀수로 시작한다. 출근하면서부터 주차장 번호, 신발장 번호, 더 재미있는 일은 직장 내 내선 인터폰 번호를 줬는데 우연히 270

번이 당첨되어 우리를 또 한 번 웃게 하였다. 덕분에 번호를 기억하기가 쉬웠지만. 또 자동차도 그랜저 270을 타고 다녀서 볼 때마다 우리를 웃겼다.

지금은 함께 근무하지 않지만 이름과 관련하여 생각해 보면 저절로 웃음이 나온다. 절대로 이름을 잊어버리거나 혼동하는 일이 없었다. 당시에 같이 근무할 때에는 실제 이름보다는 숫자 270으로 더 많이 불렀던 것 같다.

이름 때문일까? 본인도 즐겁고 주변 사람들에게도 재미난 일상을 전달해 주었던 이칠영 씨가 가끔 생각나곤 한다.

사람은 이름대로 산다는 얘기가 있다. 이번에 타개한 스티브 잡스(Steve Jobs)도 이름이 잡스(Jobs)여서 많은 사람에게 일자리(jobs)를 제공하고 세상을 뜨지 않았나 하는 생각을 해 본다. 우리 주변의 사람들의 이름도 굉장히 중요하다. 특히 어렸을 때 성(性)적인 이름 때문에 놀림을 당하는 친구들도 많았던 것 같다. 지금 생각나는 이성기, 박성교 등의 이름을 가진 친구들도 꽤 놀림을 받고 곤욕을 치르고 다 성장하여 몇몇 친구는 개명하기도 하였다.

### 22) 이연실

내 이름은 이연실. 李(오얏 리) 姸(고울 연) 實(열매 실). '고운 열매'라는 뜻으로 붙여주신 것 같은데, 사실 '고운 열매'라고 하기에는 내 모습과 이름이 그렇게 딱 어울리지는 않는 것 같다.

어머니가 태몽을 꾸셨는데 예쁜 호박꽃이 대롱대롱 매달려 있다

한다. 그 호박꽃 밑에 기다란 파란 애호박이 두 개 달려 있었다고 한다. 나중에 생각해 보니 호박꽃은 나이고 애호박 두 개는 남동생들을 상징하는 것 같다고 어머니는 해석하신다. 이 태몽 때문에, 비록 호박이기는 하지만 예쁜(妍) 열매(實)라는 뜻으로 '연실'이라는 이름을 지어주셨다고 한다.

초등학교 때 연실이라는 이름은 친구들에게 놀림을 많이 당했다. '연줄로 쓰는 실'의 의미인 '연실'로 반 아이들에게 놀림을 많이 받았다. '방패 연실, 가오리 연실…….'

"야 연실 좀 빌려 줘, 너 말고 연실 말이야, 연실!"

노래 가사에도 연실이라는 이름이 나와 나를 골탕먹였다.

'풀 먹인 연실에…….'

반 친구들은 노래를 부르며 나를 놀려 대어 나는 내 이름이 싫었다. 그리고 가수 중에도 나와 똑같은 '이연실'이라는 가수가 있는데, 그 가수가 부르는 〈목로주점〉이 인기가 있었나 보다. 언제나 새로운 모임에 가서 자기소개할 때 "이연실입니다."라고 하면 사람들이 가수 이연실과 이름이 같다면서 〈목로주점〉을 한번 불러 보라고 난리다. 사실 나는 〈목로주점〉이라는 노래를 알지도 못하는데 말이다.

어릴 때는 내 이름이 자신이 없어서 남들이 내 이름을 물어볼 때마다 작은 목소리로 내 이름을 말하곤 했다. 때로는 '연실'이란 이름을 지어 주신 아버지를 많이 원망할 때도 있었다.

'왜 이런 이름을 지어서 이렇게 힘들게 하는 거야?'

그런데 나이가 들어, 대학 때는 무슨 조선 시대 사극에 나오는 이름 같다며 친구들이 다들 '연실 낭자', '연실 아씨'라고 부르기도 했다. 나는 왠지 그게 그다지 싫지 않았고 점점 이름이 마음에 들기 시작했다.

그 후 결혼하고 나서는, 남편이 일본사람인 관계로, 일본에서 살면서 한국에서는 한글로 쓰던 이름을 한자로 써야 하는 환경에 놓이다 보니, 한자로 쓰는 이름의 느낌은 조금 달랐다. 내 이름의 한자 연(姸)이 일본에서는 잘 안 쓰는 한자라서 연(妍)이란 약자로 통하고, 실(實)도 일본에서는 잘 쓰이지 않는 글자라서 약자인 실(実)로 써야 한다. 그러자 지금까지는 애착이 있지도 않고 마음에 들지도 않았던 이름이었으면서도, 괜히 내 정체성을 잃어버리는 것 같아, 일본에서는 열심히 우겨서 손으로 정자인 연(姸) 실(實)로 쓰고 있다

## 23) 서울행[김경]

1982년 내가 직장생활을 할 때였다. 같은 사무실에 새로운 아가씨가 입사하였다. 그런데 이름이 아주 특이하였다. '서울행'.

그래서 보는 사람마다 그럼 동생은 '부산행'이냐고 물었다. 처음 들어도 절대 잊히지 않는 이름이었다. 하지만 본인은 아주 불편하고 창피했다고 한다. 하지만 사회생활을 하고 나서는 오히려 이름을 잊지를 않아 상대에게 각인시키는 데 도움이 되었다 한다.

그런 이름을 짓게 된 이유는 이랬다. 첫딸이 태어났을 때 그 아버지는 술 한잔하고 오셨고, 그때 갑자기 서울에 가고 싶어졌다고 한다. 그래서 별 뜻 없이 '서울행'이라고 지었단다. 나중에 후회했지만, 가만히 생각하니 이름이 머리에 쏙 들어오는 것이 괜찮아, 그 남동생

이 태어나자 '서' 자로 시작하는 것이 뭐가 있을까 생각하다 신라의 국호였던 '서라벌'이라 지었다. 그다음에 태어난 여자아이의 이름은 서귀포, 넷째 아들은 아무리 생각해도 '서' 자로 시작하는 것이 생각이 나지 않았는데, 아이스크림을 먹다가 "아 그래, 서빙고가 있지." 그렇게 하여 4남매의 이름이 지어졌다 한다.

첫째 딸 '서울행'

둘째 아들 '서라벌'

셋째 딸 '서빙고'

### 24) 장은혜

'장은혜(張恩惠)'

부모님께서 많은 사람에게 은혜를 베푸는 사람이 되라는 뜻으로 지어 주신 내 이름이다. 이 이름을 짓기까지 부모님은 고심을 많이 하셨다고 한다. 내가 첫 아이라 특별한 이름을 짓고 싶으셨기 때문이다. 이 이름으로 정하기 전에 '은혜'라는 이름 말고 두 가지를 더 준비했는데 '장달님'과 '장미원'이다.

'장달님'이라고 하니 이게 무슨 소리냐 싶겠지만 내가 1969년 7월 24일생인데, 1969년 7월 16일에 인간이 처음으로 달에 착륙했다. 그러다 보니 온 세계가 달 착륙으로 들썩였고, 그때 맞추어서 아이가 태어나면 그것을 기념하는 뜻으로 '달님'이라는 이름을 생각했다고 한다. 지금 생각해 보면 그때 제가 태어나지 않은 게 다행이라고 생각한다. 세상에 '달님'이라니 그 의미를 모르는 친구들의 놀림에 무척 힘든 학창시절을 보냈을 거라 생각되기 때문이다.

다음은 '미원'이라는 이름이다. 태몽으로 장미밭에서 붉은 장미 한 송이를 꺾는 꿈을 꾸셨는데 마침 성이 '장'씨이다 보니 성과 어울리게 '장미 정원'이라는 뜻으로 '장미원'이라는 이름을 생각하셨다고 합니다.

그리고 지금의 내 이름인 '은혜(恩惠)'이다. 나를 낳을 무렵에 부모님께서 사시던 집 근처에 큰 교회가 있었다고 한다. 두 분 모두 그 당시 신앙이 있으셨던 건 아니지만, 그 교회를 지나다니시면서, 그리고 새벽마다 교회에서 울리는 종소리를 들으며 이 이름을 생각하셨다고 한다.

사실 자라면서 나는 이름에 불만이 있었다. 내 나이 때는 한 반에 '은주'나 '은경'이 이런 이름이 서너 명이 될 정도로 여성스러운 이름이 주류를 이르던 때라, '은혜'라는 이름은 조금 특이한 편에 속했다. 그러다 보니 학기 초에 선생님께서 출석부만 보고 발표를 시킬 때 나는 거의 100% 당첨 확률이었다. 초등학교 때는 짓궂은 남학생들이 '은혜 좀 갚아라.' 하며 놀려댈 때도 잦아 짜증이 나기도 했다. 중고등학교 시절을 지나 대학생이 되고 보니 내 이름을 모르는 사람에게 소개할 때면 처음 이름을 듣는 사람은 여지없이 '혜' 자가 '해'인지 '혜'인지를 물어본다. 전화로 이야기할 때는 더 심해서 몇 번을 이름을 묻고 대답해야 하다 보니 번거롭기도 하고, 이렇게 발음이 정확하지 못한 이름은 좋지 않구나, 어렴풋이 이런 생각을 했다.

나중에 아이를 낳아 이름을 짓기 위해 책을 읽다 보니 정말 그런 구절이 있었다. 상대에게 발음이 부정확하게 들릴 수 있는 이름은 좋지 않다고. 또 내가 종교가 없던 때는 내 이름을 종교와 연결해 생각하는 사람들이 많아 그게 싫어서 해명하기도 했다. 그런데 얼마 전 나를 따라 가끔 교회에 다니는 남편이 예배를 드리다가 갑자기 이런 말을 하는 것이었다.

"찬송가를 부르는데 '은혜'라는 이름이 도대체 몇 번이나 나오는 거야? 당신은 좋겠어. 천여 명이나 되는 많은 사람이 '은혜'라는 당신 이름을 이렇게 한목소리로 높여 부르니."

그 말을 듣고 갑자기 내 가슴이 뜨거워졌다. 43년을 이 이름으로 살면서 한 번도 내 이름의 의미에 대해 알지 못했던 것을 깊이 느끼고 깨달은 순간이었다.

'말이 씨가 된다.'는 말이 있다. 이름도 그런 씨앗이다. 이름에는 그 아이가 그렇게 되기를 바라는 부모님의 간절한 소망이 담겨 있다. 그래서 '이름값을 해야 한다'고 하고 '이름값도 못 한다'고 하나 보다. 어렸을 때부터 부모님은 나한테 '세상에는 여러 사람이 있다. 은혜를 입고도 모르는 척하는 사람, 심지어 저버리는 사람도 있지만 너는 네 이름답게 많이 베풀고 살아라.' 이렇게 말씀하셨다. 내가 마흔이 넘은 지금까지도 어머니는 종종 이 말씀을 하신다.

한순간 한순간을 넘치는 은혜 속에서 살고 있지만, 그 은혜를 모르는 때도 잦고 모르는 척할 때도 잦다. 은혜에 감사하고 은혜를 베푸는 사람이 되기 위해 열심히 노력하며 살아야 하겠다.

## 25) 손님 안 오시면 안 됩니다[안수옥]

음식점에서: "네, 00 음식점입니다. 예약이요? 네, 토요일 다섯 시에 다섯 분이요? 예약됩니다. 예약자분 성함을 말씀해 주시겠습니까? 네? 장난하지 마시고요, 네? 본인 이름이세요? 네……. 손님 안 오시면 안 됩니다. 꼭 오셔야 합니다."

체육 시간: "오늘은 오래달리기를 한다. 모두 끝까지 달려 포기하는 사람이 한 명도 나오지 않길 바란다. 체력이 바닥나면 오기로 끝까지 버티길 바란다. 특히 한 명이 걱정된다. 오늘은 꼭 오기를 부리도록!"

학교에서: "이제 개근상을 수여하는 시간이다. 정말 우리 반에서 뜻밖의 인물이 개근상을 받게 되었다. 이 학생은 우등상은 받아도 개근상은 생전 못 받을 줄 알았는데…….자, 오늘만큼은 잘 오기."

우리 오빠의 이름 때문에 벌어지는 일들이다. 어떤 이름일지 알아 맞혀 보시라.

우리 오빠의 이름은 안오기. 한자로는 安五基이다. 친할아버지께서 직접 지어주신 이름이다. '안오기' 하면 '어느 장소에 오지 않기' 또는 '어떤 일에 오기 부리다'의 '오기(傲氣)'가 생각이 난다. 성이 안씨라서 성을 떼고 부르든 붙여서 부르든 모두 부자연스러운 이름이 된다. 왜 할아버지께서는 오빠 이름을 안오기라고 지으셨을까?

할아버지께서는 나라 사랑하는 마음이 누구보다도 크신 분이었다. 동방예의지국이라 불리는 이 땅이 점점 예절과 윤리가 허물어져 가는 모습을 보시고 이를 바로잡기 위해서는 삼강오륜과 같은 유교적 기본 지침이 지켜져야 한다고 생각하셨다. 우리나라에 유교를 도입

한 안향의 후손답게 삼강오륜의 의미를 중시하셨다. 삼강은 군위신강, 부위자강, 부위부강으로서, 신하는 임금을 섬기는 것이 근본이고, 아들은 아버지를 섬기는 것이 근본이며, 아내는 남편을 섬기는 것이 근본이라는 뜻을 담고 있다. 오륜은 군신유의, 부자유친, 부부유별, 장유유서, 붕우유신으로서, 그 뜻은 임금과 신하는 의리가 있어야 하고, 아버지와 아들은 친함이 있어야 하며, 남편과 아내는 분별이 있어야 하며, 어른과 어린이는 차례가 있어야 하며, 벗과 벗은 믿음이 있어야 한다는 것이다.

할아버지께서는 손자들만큼은 예를 아는 반듯한 인간으로 살며 대한민국을 빛내라는 소망을 하셨다. 그 소망을 담아 손자들의 이름을 '삼강오륜 대한민국'이라 지으시기로 결심하셨다. 순흥 안씨 찬성공파는 항렬자를 오행에 따라 짓고 있다. 31세손의 항렬자는 기(基)로 정해져 있다. 그래서 할아버지께서는 '삼강오륜'에서 각각 한 글자씩을 떼어서 항렬자 '기'와 합쳐 이름을 지으셨다. 첫째 손자는 안삼기, 둘째 손자는 안강기, 셋째 손자는 안오기, 넷째 손자는 안윤기가 되었다. 다섯째 손자부터는 '대한민국'에서 한 글자씩을 따와 항렬자 '기'와 합쳐서 안대기, 안한기, 안민기, 하지만 애석하게도 안국기는 세상에 태어나지 못했다. 결국, 할아버지께서는 '삼강오륜대한민'까지의 손자를 보시게 되었다.

이것이 우리 오빠의 이름이 안오기가 된 내력이다. 이 이름 때문에 여러 가지 재미있는 상황들이 만들어지곤 했다.

한번은 오빠의 교수님께서 부부간에 대화를 나누다가 특이한 이름이 화제에 올랐다고 한다. 그 교수님께서 내 제자 중에 안오기라는 이름을 가진 제자가 있다고 하자, 교수인 그 부인도 내 제자 중에는 안삼기가 있는데 혹시 형제지간이 아닐까 하셨다고 한다. 결국, 두 분은 안오기와 안삼기가 사촌지간임을 알게 되셨고 이름이 만들어진 경위를 듣고 웃으셨던 일이 있다.

어렸을 적에는 이름 때문에 친구들의 놀림을 많이 받곤 했다. "넌 왜 맨날 학교에 오면서 안오기냐?" 새 학기 출석을 부르는 시간엔 가장 큰 웃음을 선사했던 이름이었고, 선생님께나 친구들한테나 단숨에 각인되는 그 이름 때문에 부담감이 클 수밖에 없었다. 어디 가나 많은 사람의 이목을 받게 되니 늘 올바르게 생활할 수밖에 없는 스트레스였다.

그러나 할아버지께서 지어주신 이름 덕분에 오빠는 누구보다 더 예의 바르고 성실함의 대명사로 잘 성장할 수 있었다. 할아버지의 소망이 이루어진 셈이다. 할아버지께서는 이런 앞날을 다 내다보시고 손자들의 이름을 지으신 것일까?

요즘 시대는 자기를 알리려는 소위 P. R.시대라 한다. 사람들은 자기를 알리기 위해서 특별한 명함을 만든다거나 화려한 수식어와 온갖 미사여구가 가득한 자기소개서 작성에 열을 올린다. 또 미니홈피, 트위터 같은 각종 매체 등 이런저런 방법을 동원하기에 애쓴다. 이러한 시대에 오빠는 한 번 들으면 잊을 수 없는 이름이 있기에 쉽게 사람들의 기억에 오랫동안 남으니 지금은 더없이 좋은 이름이 아닐까?

## 26) 문자메시지가 왔네

나는 강원도 산간 지역에서 6녀 1남 중 다섯째로 태어났다. 위로

## 한국인의 이름이야기

언니가 넷이 나고 이어서 내가 태어나자, 아버지는 또 딸이라는 말에 낙담하였다고 한다. 부친이 직접 이름을 작명하였고, 밭일로 바쁜 부친은 할머니께 출생신고를 대신 해 달라고 부탁하였다. 먼 길을 걸어 할머니가 동사무소에 도착했을 때 부친이 적어준 이름을 잊어버리고 없었다. 먼 길을 다시 다녀오기 어려워 어쩔 수 없이 출생신고를 할 수밖에 없었는데, 문제는 할머니가 알고 있는 한자가 적었기 때문에 알고 있는 한자에서 이름을 만들었던 것. 그래서 지어진 이름이 '글월 문(文) 아들 자(子)'를 사용하여 '문자'라는 이름이 신고되었다.

성장하는 동안에는 이름 때문에 문제될 일은 별로 없었다. 때로 촌스러운 이름이라는 말을 듣곤 하여 울기는 했다. 성인이 되어 사회활동을 하면서는 내 이름이 가진 의미가 없다는 것에 항상 불만을 품어 늘 개명하고 싶다는 마음을 가졌다.

그러다 휴대전화기가 보편화하면서 이 이름 때문에 웃기는 일이 벌어졌다. 내 초등학교 남자 동창인 A군과 그 고등학교 친구가 하루는 술자리를 가졌는데, A군의 친구가 휴대전화기를 보고 '문자메시지가 왔네.'라고 하였고, 내 동창 A군은 이상하다는 듯 물었다. "어! 네가 내 동창 문자를 어떻게 알아?"

이 일로 개명에 대한 마음이 깊어갔다. 개명을 하는 데 더 결정적인 계기가 된 사건은 또 하나 있다. 친구 중 무속에 관심이 많은 친구와 삼재 때문에 부적을 사면서 무속신앙에 관심을 갖게 되었고 30대 후반까지 결혼을 못하고 있던 자신에 대한 점을 보러 갔다가 이름이 자신의 운을 가리고 있다는 말을 듣고 결심하였다.

결국 개명하였고, 재판을 통해 이름을 바꾸었다. 재미있는 것은 그

동안 수차례 선을 보았지만 결혼 상대를 찾지 못했는데 개명 후 결혼 상대를 바로 찾게 되었다는 사실이다. 그 상대와 결혼하여 자녀도 둘이나 출산하였고 그 동안 여러 종류의 사업을 시도했지만 실패만 경험하였고 직장 생활 또한 자주 옮겨 다니게 되었는데 개명 이후 시작한 사업에서 좋은 결실을 보고 있다.

이 말을 안 믿는 이도 있겠지만, 아무튼 나는 개명한 후 자신감 있는 삶을 살고 있다. 문제는 가끔 가족이나 친구들이 개명한 이름을 불러도 본인인 줄 모르고 얼른 대답을 못하다가, 예전대로 문자라고 부르면 화를 내며 '문자라고 부르지 말랬잖아.' 이런다는 것이다.

## 27) 이형사[이현사]

내 이종사촌 오빠 친구의 이름은 이현사(李賢士)이다. 그 할아버지가 지어준 이름인데 본디의 뜻은 나중에 선생이 되어 '어진 스승'이 되었으면 하는 바람으로 작명해 주신 이름이다. 그런데 그 이름 때문에 고등학교 또 고등학교를 졸업하고 대학을 다닐 때 많은 에피소드가 있다.

1977년 이종사촌 오빠는 고등학교 1학년 때 반을 배정받고, 옆자리에 짝이 된 친구의 이름이 이현사라는 것을 처음 알았다. 매번 수업시간이 시작될 때 선생님께서 출석을 이현사[발음상 이형사로 들림]라고 부르면 '네'라는 대답과 동시에 "누가 형사냐?"하고 질문하지 않은 선생님이 없었다.

이야기는 여기서부터 시작된다. 그 당시 여느 학생들과 마찬가지로 수업을 마치고 이종사촌 오빠는 이현사라는 친구와 종로에 있는

학원 단과반을 다녔다고 한다. 하루는 학원 수업을 마치고 버스를 타러 가는 골목길에서 그 지역 J고교 야간 학생들을 만났는데 당시 J고 야간 학생들은 불량기 있는 학생이 많았고, 그 학생들로 하여금 학원에 다니는 많은 학생이 용돈을 빼앗기는 사고가 빈번히 일어났다. 그래서 학생들이 버스를 타러 갈 때는 삼삼오오 짝을 지어 가곤 했는데, 이종사촌 오빠가 먼저 캄캄한 골목길에 접어드는 순간[무슨 멋인지 여학생들이 많아 하교 시 사복을 갈아입고 다니는 경우가 많았다고 함] 다짜고짜 J고 학생들이 나타나 에워싸고 금품을 요구해 왔고, 이종사촌 오빠는 미처 피하지 못하고 당황하며 뒤따라오는 친구인 이현사[발음은 '이형사']를 연거푸 불렀다. 그러자 J고학생들이 순간적으로 "뭐 형사? 야 형사래!" 하며 달아나, 용돈 빼앗기는 것을 모면했다.

두 분은 졸업 후 같은 대학에 진학했는데 2학년 때 동아리(중창반) 친구 들과 함께 부곡(경기도)에 있는 낚시터로 동아리 친구 다섯 명과 낚시를 하러 간 적이 있었다. 밤낚시가 재미있다고 느지막이 출발했고, 저수지에 도착하여 서로가 몇 미터씩 간격을 두고 낚싯대를 펼치고 낚시를 하고 있었고, 반대편 낚시꾼들이 와! 월척이다, 하면, 잡히지 않았음에도 젊음이라는 유머로 와! 상어다, 하고 웃음을 즐기며 낚시하고 있던 차에 드디어 사건이 벌어지고 말았다.

지금은 그런 일이 없어 잘 이해는 안 가지만 그 당시만 해도 어느 지역을 가던 그 동네에 불량배 같은 사람들이 낚시 온 사람 중에 만만한 사람들이 있으면 시비를 걸고, 때론 겁을 주어 술을 얻어먹거나 낚싯대 등을 모두 빼앗기는 일이 빈번히 있었다. 이종사촌 오빠가 고기는 잡히지 않고, 재미도 없어 낚싯대를 놔둔 채 가져간 점퍼를 덥고 낚싯대 옆에 누워 있는데 누군가 옆으로 오더니 랜턴을 비추어 낚시 가방을 뒤지고 있었다.

이종사촌 오빠는 놀라, "누구야?" 소리쳤고 가방을 뒤지던 사람은 놀라 "아, 아, 아니에요." 하더니 조금 뒤 랜턴을 이종사촌 오빠 얼굴에 비쳐 보더니 "너, 너, 학생이지?" 했다. "아니 당신은 누군데 남의 짐을 뒤져요?" 하니 그 뒤지던 사람이 얘들아 이리로 와 하는 소리와 함께 몇 명의 동네 불량배가 와 느닷없이 밟고, 낚싯대로 사정없이 맞고……

그러다 이종사촌 오빠는 "이현사!, 이현사!"를 외쳤고, 동아리 학생 한 명과 이현사란 그 친구가 달려왔다. 어두운 밤낚시이기에 얼굴은 잘 보이지 않았고, 이현사['이형사'라고 들림]가 달려와 "야 너희 뭐야?"라고 하자, 그 동네 불량배들은 달려온 사람이 형사인 줄만 알고, 그 자리에서 백배사죄를 했다. 그리고 고기가 잘 잡히는 포인트까지도 일러 주었다.

### 28) 간경화

우리 집 첫 아이의 이름에 대한 이야기이다. 남편은 대구가 고향인데 직장을 서울에서 가졌고, 나는 부산 사람으로 서울의 어느 대학에 입학해 서울로 오게 되었으며 지인의 소개로 남편을 만나 결혼하였다. 첫아이로 딸을 낳자 시아버님께서 아이 이름을 지어 주셨다. 서울에서 만나 결혼하여 낳은 아이이며 서울에서 잘 화합하여 화목하게 잘 살라는 시아버님의 깊은 뜻이 포함되어 첫아이의 이름을 서울

'경' 자에 화합할 '화'를 합쳐 '경화(京和)'로 작명하여 주셨다. 남편의 성이 강가이므로 '강경화'였던 것이다.

그런데 이 아이가 학교에 다니면서 어느 날 내게 심각한 얼굴로,

"엄마 내 이름 누가 지었어요?"

라고 질문하는 게 아닌가? 별 생각 없이 '네 할아버지께서 지어 주셨지.'라고 대답을 하면서 궁금해,

"왜 그러냐?"

하고 물었다. 그랬더니 얼굴을 찡그리면서 학교에서 아이들이 자기 이름을 자꾸 놀린다는 것이었다.

"어떻게 놀리니?"

"애들이 자꾸 날더러 "간경화래요."

그때서야 깜짝 놀랐다. 집에서는 늘 "경화야" "경화야"로만 불렀기에 전혀 아무런 생각이 없었다. 그러나 학교에 가면서 성과 이름을 함께 불렀을 때의 이름에 대한 느낌이 완전히 다른 방향으로 변하고 말았던 것이다. 남편의 성이 강(姜) 씨만 아니었더라도 이런 놀림은 없었을 것이었으며 조금도 이상한 것이 없는 이름이다. 처음 이름을 지어 주실 때는 어른이 지어 주신 이름인데 조금 강한 느낌은 들기도 했지만 좋다 나쁘다고 할 수 없었는데 지금 아이가 항의해 오는 데 대해서도 아무 말도 할 수가 없었다.

요즈음에는 부모들이 자기 아이의 이름을 부를 때도 성을 앞에 붙여서 부르는 습관들이 있다. 마치 선생이 학생을 부르는 건 상사가 아래 직원을 부르는 건지, 이름 앞에 성을 붙여 김 아무개, 박 아무개

라고 하는 것은 너무 사무적이거나 공식적 호칭으로 부르는 것 같아서 부모님의 따뜻함을 못 느끼는 것 같다.

예전에는(내가 나이가 좀 있으므로) 좀 다정한 사이에는 이름 두 자 중에서 한자만 애칭으로 부르는 경우가 많았다. 가령 '순자'라면 "자야" '영숙'이라면 "숙아"라고 부르면 정말 다정하게 들렸고 부르는 사람도 정감이 있게 불렀다. 그리고 보통 때는 이름 두 자만 부르는 게 일쑤였다. 영숙아, 미순아, 그렇게 불렀고 듣는 이도 자연스럽게 대답하고, 그런 세대를 살아온 우리에겐 성까지 붙여서 부모가 자식을 부르는 것으로 참으로 어색하다.

우리 애의 이름을 조용히 입속으로 불러보았다. '강경화' '강경화' 조금 느리게 불러 보니 영락없이 "간경화"로 들린다. 성과 이름을 함께 부를 때의 이름의 느낌을 생각하지 못한 것이 대해서 딸아이에게 미안한 느낌이 든다.

끝으로 우리 시조부님의 함자가 기이하여 참고로 적어본다.

일제 강점기 때에 우리 호적법이 생길 때에 일어난 웃지 못할 일화이다. 시골에 면 서기가 일일이 호구를 방문하여 호적을 작성할 때 아무도 이름을 알려 주려 하지 않았다고 한다. 그래서 할 수 없이 그 사람의 특징이나 모습을 참작하여 서기가 임의로 어느 집의 누구는 아무개 아무개로 호적에다 올렸다고 한다. 그런 와중에 관운장처럼 수염이 우아한 시조부님의 이름은 본인의 의사와는 아무 관계 없이 '장염(長髥: 긴 수염)'으로 호적에 이름이 올랐다. 물론 본명이 있었음은 말할 필요가 없다. 와사증(중풍)으로 입이 돌아간 사람은 '와사'가 이름이 되었으니 이 이름은 시고모부님 모친의 호적명이다. 어쩌

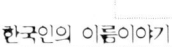

면 이름에 얽힌 사연에는 우리 근대사의 한 단면이 담겨 있는 것 같기도 하다.

### 29) 대박 인생

내 아들의 이름은 김대백이다. 결혼해서 처음 아이를 가지고 남편과 이런저런 준비를 하면서 남편이 아이의 이름을 짓겠다고 자신했고 그때부터 작명 책을 사서 이름 짓는 공부를 했다. 물론 평소에 사주에 좀 관심이 있어서 그런 것을 보기는 했는데 여하튼 첫 아이의 이름을 위해서 나름대로 열심히 준비했다.

열 달이 지나고 아들을 낳았다. 남편은 그날부터 3주간을 고민하면서 '김대백'이란 이름을 지었다. 그런데 처음 그 이름이 정말 이상하고 마음에 들지 않았다. 사실 몇 개의 이름을 지어 왔고 그중 그래도 김대백이 제일 나았건만 처음 그 이름에 대한 인상이 매우 좋지 않았다. 머슴이름 같기도 하고……

여하튼 주변 분들과 가족 어른들께 아이의 이름을 이야기하면 다들 "뭐?"하는 말로 시작을 했다. 워낙 이름들이 특이한 세상이지만 왠지 '김대백'은 이상하다며, 어떤 분들은 "차라리 대박으로 하지~!"라고 말하며 웃었다. 정말 거의 대부분의 사람이 아들의 이름을 들으면 "김대박"으로 이해했다. 그리고 병원에서나 아이의 이름을 적어야 하는 때가 있으면 받아 적는 분들이 대부분 처음에는 "김대박"으로 적고……. 또 그렇게 이름을 불러서 솔직히 별로 좋지 않았다.

그런데 다들 대박날 인생이 될 거라고 이야기하면서 좋게들 해석해주셔서 괜찮았지만 내심 이름을 그렇게 지은 남편을 원망도 했다.

그 후에 아이의 이름을 바꾸려고 몇 번 생각했지만 들으면 들을수록 그 이름이 좋아졌고 또 외국에 있다가 오신 분이, 당신이 있던 나라의 말로 "김대백"을 해석하면 참 좋은 의미라고 해서, 그냥 그대로 그 이름을 쓰기로 마음을 정했다. 지금은 내 아들도 그 이름을 좋아한다. 가끔 이름 바꾸고 싶지 않은지 물어보면 괜찮다고 좋다고 한다.

## 30) '신난다'에서 '신유나'로[정민지]

중국어를 배우러 학원에 다닌 기억이 있다. 첫 수업 때, 자기소개를 하는 시간이 있었는데 한 친구가 머뭇거리다 이름을 조용히 말했다. 친구가 이름을 말하자 주변에서는 "뭐라고? 뭐라고?" 웅성대기 시작했다. 선생님은 그 학생에게 이름 좀 다시 말해 달라고 하셨고 그 친구는 자신 없는 목소리로 '신난다'라고 자기 이름을 내뱉었다. 차라리 한바탕 크게 웃고 넘어갔으면 나았을 텐데 다들 킥킥 거리며 애써 웃음을 참았고 그게 오히려 친구를 더 당황하게 했다. 친구는 얼굴이 빨개진 채 자리로 돌아갔다.

지금은 친한 사이가 된 그 친구가 요즘 개명 신청을 준비 중이다. 처음 그 친구가 개명 신청을 할 거라는 말을 듣고 난 후 그냥 이름이 특이해서 바꾸려고 하나 생각하다가 왜 친구 부모님은 친구 이름을 '신난다'로 지었을까, 무슨 사연이 있나 궁금해졌다. 사실, 이름이 특이해서 처음 가는 모임이나 활동에 가면 그 친구는 본의 아니게 이름 덕분에 자기 자신을 충분히 어필하게 된다. 대부분이 그 친구와 이름을 알게 된 후에는 절대 잊어버리지 않는다. 속사정도 모르고 그런 부분에서는 부럽기도 했었다. 개명 신청한다는 말에 왜 하느냐, 시간도 많이 걸리고 바쁜데 귀찮지 않으냐는 등 말을 하니, 서운하다는 듯 너 같으면 안 바꾸겠느냐며 하소연을 시작했다.

쉽지 않은 결혼을 하느라 고생을 많이 하신 친구 어머니께서 힘든 결혼 생활에 우울증 증세까지 보이셨다고 한다. 점집도 가보시고 지금은 그래도 많은 사람이 찾지만, 그 당시엔 갔다고 소문만 나도 정신병자 취급 받기 쉬웠던 정신과 치료도 받으셨다. 그런데 나을 기미는 조금도 보이지 않았다. 증세가 계속 심해지던 어느 날 그 어머니는 임신 사실을 알게 되었고, 후로 증상도 좋아지고 성격도 더 밝아졌다. 아이가 복덩이라고 생각하고 무작정 아이 태명을 '신난다'로 지었는데, 그 태명이 이름이 됐다는 것이다.

어머니의 우울증까지 단번에 치료해 버린 '신난다'라는 이름이 안타깝게 친구의 인생에선 빛을 발하지 못했다. 유치원에 다니면서부터, 아니 이 친구가 부끄럽고 창피하다는 느낌을 알게 된 후부터 '신난다.'라는 이름은 계속 친구를 괴롭혔다. 나도 가끔은 '난다, 난다, 신난다야'라고 친구를 부르기도 하지만 친구의 이름으로 인한 수난은 계속되었다.

나중에 알게 된 건데 친구의 개명 작전은 이미 오래전부터 시작된 것이었다. 설득하고 설득해도 친구의 어머니는 굳이 왜 바꾸려고 하냐며 친구를 되려 설득했고 매번 실패했다. 그러던 중 친구는 최근 '개명하고 싶어 하는 사람들의 이름'이라는 기사를 읽었고 그 명단 안에 선명하게 쓰여 있는 '신난다'라는 이름을 발견했다. 어머니께 기사를 보여주며 장시간의 설득 끝에 결국 개명 허락을 받아냈다. 어느 날, 카카오톡에 '신유나'라는 이름에 메시지가 떴다. 친구는 앞으로 유나라고 불러달라는 말과 자신은 비록 유나가 되겠지만 계속 신 나는 사람으로 살 테니 걱정하지 말라는 말도 덧붙였다.

### 31) 최고

내 친구의 언니가 중학교를 갓 입학하여 풋풋한 신입생이 되었을 때였다. 어느 학교나 그렇듯이 학기 초에 교실에서는 각자 자기소개를 하는 시간을 갖게 된다. 내 친구의 언니가 다니는 학교에서도 어김없이 담임선생님과 함께 오리엔테이션이 한창이었다. 먼저 담임선생님께서 맡은 과목과 본인 가족사, 성명, 첫사랑 이야기 등등을 소개하시고 소개가 끝나자 반 친구들도 출석부에 이름이 적힌 순서대로 각자 자기소개를 시작하였다. 출석번호 1번 강동구부터 고우리, 박세리, 백수정, 백장미, 양성숙, 유동근, 최유리 등 다양한 이름을 가진 사람들이 있었고 친구 언니의 이름은 '최고니'였다.

드디어 친구 언니의 차례가 되었다. 언니는 자기 이름, 가족관계, 자기가 좋아하는 것, 잘하는 것 등등을 소개하고 자리에 앉았다. 소개를 듣고서 선생님께서는 궁금한 몇 가지를 질문하셨는데, 언니에게 첫 번째 던진 질문은 동생이름이 어떻게 되는지였다. 이미 친구들끼리는 서로 이야기를 나눈 터라 친구들이 대신 '최고래요'하고 대답했다.

그 이야기를 들은 선생님은 다시 물으셨다.

"뭐? 고래?"

내 친구의 이름은 '최고'이다. 그런데 선생님께서는 성이 최, 이름

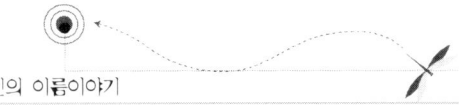

이 고래, 즉 최고래요! 이렇게 들은 것이다. 그렇게 한바탕 웃음소동이 일어나고 나서야 자기소개가 끝이 났다.

## 2. 너무 흔한 이름이라 피곤해요

### 1) 경숙이 일어나서 책 읽어라

"경숙이 일어나서 책 읽어라."

선생님의 말씀에 따라, 너댓 명의 경숙이가 여기저기 일어나서 뻘쭘해 서로 바라본다.

최경숙, 조경숙, 박경숙, 그리고 이경숙.

초등학교 시절, 국어책을 읽으라고 하는 선생님의 말씀에 여기저기에서 '경숙'이가 일어나던 교실의 상황. 50년도 전쟁을 치른 후에 태어난 50년대 후반 60년대의 공식적인 이름이었나 싶을 정도로 '경숙'이란 이름은 그야말로 지천으로 널렸다고 할 만했다.

그만큼 '너무 흔하다'라는 표현조차 듣기 싫었던 내 이름. 게다가 같은 이름이 하도 많다 보니, 소소한 일들이 생겨난다. 백화점 매장에 수선으로 맡긴 옷을 찾으러 갔는데, 분명 내 것인데 내 물건이 아니었다. 확인해 보니 동명이인으로 공교롭게도 같은 매장에 수선 품을 맡긴 또 다른 '이경숙'이었던 것.

이름으로 하여 늘 아버지에게 불만을 표현하고 이름 바꿔달라고 조르던 기억이 있다. 성장해가면서 도시적인 이미지의 이름으로 개명하고자 했으나 아직도 '경숙'이로 살고 있다. 개명을 실천에 옮기지 못하는 것은 나의 게으름 탓도 있지만, 개명 후에 내가 받을 만족감

보다는 내 지인들이 느낄 생소함을 생각하니 머뭇거리며 못하고 있는 것이리라.

또 하나, 현 세대는 맘만 먹으면 제약 없이 개명할 수 있는 시대에 살고 있지만, 내가 살아온 시대적 상황은 지금과 많이 달랐다. 이러한 이유로 쉽사리 바꾸지 못한 채 지내왔던 것.

현재까지 개명한 인원이 15만 명에 육박한다고 한다. 심지어 100세 이상자 중에도 개명 자가 있는 것으로 나타났다. 죽어서 어떤 형태로든 '이름'을 남기고 싶기 위함인가? 마음에 들지 않은 이름을 개명이라는 절차를 거쳐서 그 흡족해진 '이름'으로 '이름값'을 대신할 만큼의 다른 인생이 펼쳐질 거라는 굳건한 기대감에서일까?

왜 내 이름을 경숙이라 지었던 것일까? 동네에 참한 아가씨가 살았다는데 그 여자 이름이 '경애'였더란다. 우리 아버지 말씀이, 그래서 첫딸은 경애. 그다음은 '경' 자 돌림이니 경숙, 경미, 작은집은 경희. 이렇게 먹고 살기조차 어려웠던 그 시대에 아들도 아닌 딸자식 이름에 공들여 지을 만큼의 여유는 분명 없었으리라. 우리 집, 즉 나의 오빠 이름은 동경에서 유학한 학자에게 거금을 드려 공들여 지으셨다는데, 그 오빠는 52세를 넘기지 못하고 혈액암으로 세상을 떠난 지 7년 세월이 지나고 있다.

명예와 부를 가진 이름이었을 수는 있겠으나 수명까지는 배려하지 못한 작명이었나 하는 생각도 든다. 결국, 작명이란 것은 인간의 욕심이 만들어 낸 허상일 뿐이며 내 운명은 스스로 만들고 개척해가는 것이 아닐까. 수명을 다하는 날까지 적극적으로 노력하는 자세로 말이다.

## 2) 대통령 딸 영애[김영애]

내 이름은 김영애. 어릴 때부터 나는 내 이름을 그다지 좋아하지 않았다. 왜냐하면, 내 이름이 너무나 흔하였기 때문이다. 우리 집은 6남매였고, 다섯 번째 형제까지 할아버지가 이름을 지어주셨고 단지 나만이 아버지가 지어주셨다 한다. 그래서인가? 다른 형제들의 이름은 흔하지도 않고, 약간 특이하였다. 그러나 나만이 너무 흔한 이름이었다. 한 반에 꼭 나 이외의 아이가 나와 같은 이름을 사용하였다. 게다가 드라마 속에서도 자주 나왔다. 성도 물론 마음에 들지 않았다. 이 성은 우리 반의 거의 반을 차지하도록 많았으니까.

어느 날 텔레비전 뉴스에서 대통령의 딸이라며 '영애'라고 나왔다. 그래서 어린 내 생각에 우리 아버지가 대통령 딸처럼 되길 바라는 마음에 대통령 딸 이름과 같게 만들었다고 생각을 했다. 그 이후부터 나는 내 이름이 괜찮았다. 그러다 중학교쯤 대통령이 바뀌었는데 그 딸의 이름도 '영애'였다. 왜 이름이 같을까? 나는 사전을 찾아봤고, '영애'란 대통령 딸 이름이 아닌 대통령 딸을 그렇게 부르는 것이었다. 그 후 다시 나는 내 이름이 싫어졌다.

성장하여 대학을 다녔고, 중국어를 전공하면서 나의 한자 이름이 중국어로 불릴 때 나는 다시 내 이름이 마음에 들었다. 중국어 발음은 'jin ying ai(진잉아이)'이고, 중국 친구들이 좀 발음이 어렵지만 귀엽다고 했다. 그러나 한국인 선배들은 좀 징징거린다고 놀리기도 했다. 그러나 내 중국어 발음의 이름은 그런대로 마음에 들었다. 그 후 싸인도 중국어 발음으로 하였다.

성인이 되어 중국어 강의를 했고 나는 예명을 만들고 싶었다. 왜냐면 내 이름을 대면 학생들은 꼭 배우 '이영애' 이야기를 하고 닮았네, 아니네 이야기를 하였다. 난 개인적으로 그 배우를 좋아하지 않기에 예명을 만들기로 하였다. 그때 성명학을 하는 철학관에서 이름을 지었고, 철학관에서 내 이름이 그리 나쁘지 않다고 했다. 그러나 애정상에 약간의 문제가 있다고 했다. 좀 더 우아한 이름을 원하자, '김수연'이란 이름을 주었다.

### 3) 내 이름, 부모님의 가장 크신 선물[김정숙]

김정숙(金貞淑). 이것은 내 부모님께서 내게 주신 이름이다. 엄격하게 말하자면, 아버지께서 마을의 가장 학식 있는 어른이자, 집안 어른이기도 하신 분께 당신 딸을 위해 특별히 부탁해서 지어 주셨다. 사전에서 찾아보면, '여자로서 행실이 얌전하고 마음씨가 고움'이라고 정의되어 있다. 그래서일까, 나는 어릴 때부터 얌전하고 착하다는 말을 참으로 많이 들어왔다. 가끔은 그게 싫을 정도로!

생각해보면 내가 태어난 1970년대는 여성으로서 여자다움을 강조했을 수도 있겠다. 친구들의 이름을 살펴봐도 '정, 숙, 옥, 금'이라는 글자가 많다. 내 이름에는 '정'과 '숙' 그리고 우리나라에서 가장 많은 성 중의 하나인 '김'이 들어가 있다. 언젠가 심심할 때 인명 전화번호부를 뒤져 보니 '김정숙'이라는 이름이 한 면 가득 발견된 적도 있었다.

어릴 때 작은 시골에서 살 적에는 나와 같은 이름을 쓰는 사람이 그렇게 많은 줄 몰랐다. 문제는 도시로 전학을 왔을 때였다. 한 반에 나랑 같은 이름이 있었는데 나는 키가 작아 김정숙 A였고 친구는 키가 커서 김정숙 B로 출석부에 올랐다. 그리고 고등학교 때 다행히 또 다른 김정숙은 없었다. 다만 성(姓)이 다른 정숙이가 있었다. 그리고 회사에 들어갔는데, 본사에 동명이인이 있었다. 그분이 먼저 입사했기에 내 월급명세서에는 항상 김정숙1로 인쇄되어 있었다. 워낙 많은 이름인지라, 여행할 때 입국 심사대에서 심사 시간이 다른 일행들보다 더 걸린 적도 있었다. 2000년대 초반 당시 다니던 회사 사람들과 필리핀 여행을 간 적이 있었다. 그때는 우리나라 사람들이 필리핀 여행을 많이 할 때였다. 필리핀 공항에서 입국 심사 직원이 나를 세워 놓고서는 '여기 처음이냐'고 물었다. 그렇다고 했더니 정말이냐고 했다. 다시 그렇다 하니 컴퓨터 화면에 올라온 수많은 이름 '김정숙'을 보여주었다. 그래서 좋은 이름이라서 많이들 쓴다고 말해준 기억이 있다.

그리고 내 이름과 관련하여 기분이 좋지 않았던 기억도 있다. 초등학교 때에는 아이들이 이름을 가지고 장난을 많이 친다. 대표적인 것이 '정구지'로 나를 부르는 것이었다. '정구지'는 부추의 경상도 방언이다. 이름에 '정' 자가 들어가니 그렇게 불렸다. 또 '김일성 부인'이라는 얘기도 많이 들었다. 반 친구들이 특히 남학생들이 그렇게 많이 불렀는데, 당시 1970년대는 반공교육을 확실하게 하던 터라 너무 싫었던 기억이 있다. 또 복도나 교실에 '실내 정숙'이라는 말을 많이 써 붙여 놓았는데, 친구들은 그걸로 또 나를 보고 한바탕 깔깔깔 대기도 했다. 지금은 추억으로 그릴 수 있지만, 당시는 너무 싫었다. 그래서 나는 사람 이름을 가지고서는 절대 장난을 치지 않는다.

그리고 우스운 얘기, 하나! 1990년대 초반 휴일에 집에 있는데 누군가 대문을 두드리는 것이었다. "누구세요?" "예, 정숙이 회사에서 나왔습니다." "예, 잠시만요!" 얼른 달려나갔다. 그런데 내가 다니던 회사에서 나온 사람이 아니었고, 정수기를 판매하러 나온 정수기 회사의 영업 사원이었다. 소리 나는 대로의 발음만 듣고 당시 내가 다니던 회사에서 일이 있어 찾아온 줄만 알았다. 휴일에 그럴 일은 없었는데, 발음이 같고 또 정수기가 일반화되지 않았던 시절이라 그걸 판매하러 온 줄은 생각 못해 일어난 일이었다.

내 이름, 너무도 많은 사람이 사용하는 이름이라 참 싫었다. 그래서 때로는, 아버지 당신이 직접 좋은 이름을 지으시지 왜 나이 많은 어르신께 부탁하여 구식이름을 지으셨나 원망스런 적도 많았다. 그리고 너무 조용하고 내성적인 내 성격이 싫어서 이름 탓을 한 적도 사실은 많았다. 내 이름에 '강'자나 뭔가 힘이 들어가고 멋있어 보이고 심오한 뜻의 글자가 들어갔다면 내 인생은 또 달라지지 않았을까 하는 생각도 참 많이 했다. 그런데 30대 들어서면서 자연스럽게, 이름은 내 부모님께서 내게 주신 가장 큰 선물이라는 생각이 들기 시작했다.

특별한 계기는 없다. 힌 빈도 부모님께서 내 이름을 가지고 이런 뜻이라고, 그러니 너는 이렇게 살아야 한다고 말씀하신 적은 없었다. 다만 내가 기억하고 있는 것은 이것이다. 아버지께서 내가 산수 문제를 잘 풀지 못했을 때, 초등학교 저학년 때 나눗셈을 직접 가르쳐 주셨는데 너무 못해서 벌을 세우신 적이 있었다. 그리고 친구가 시험 점수가 좋아서 상을 받았다고 내게 자랑할 때, 그걸 보시고 '우리 정숙이도 노력하면 잘할 수 있다'고 기운을 북돋아 주신 기억이 있다. 그걸로 봐서 아버지께서는 당신 딸이 항상 자신감을 가지고 노력해서 강하게 잘 되기를 바라신 것 같다. 비록 건강이 좋지 않으셔서 딱 9년 반 동안만 내 이름을 불러 주셨지만, 내게는 참으로 소중한 이름이고 내 부모님의 가장 크신 선물이라 감사히 여긴다. 감사합니다, 아버지!

### 4) 잘 있었니? 내가 아는 지혜 맞지?[김지혜]

내 이름은 "지혜"이다. 그런데 주변을 둘러보면 아는 사람 중에 지혜라는 이름을 가진 사람이 한두 명쯤은 있을 것이다. 지혜라는 이름을 가진 사람이 한 사람도 없다면 그 사람의 인간관계를 의심해 봐도 좋을 정도이다. 하도 흔해서 한 반에 한두 명쯤은 기본이고, 심한 경우 서너 명이 있는 경우도 있다. 그래도 성이 다르면 괜찮은데, 성까지 똑같은 "김지혜"가 있다면 매우 곤란하다.

고등학교 2학년 때, 출석부는 가나다순이다. 그래서 우리 반에는 13번 김지혜가 있었고, 14번 김지혜가 있었다. 나는 생일이 늦었으므로 14번 김지혜였다. 친한 친구들을 제외하고는 모두 번호로 불리거나, 그 친구보다 키가 컸던 나는 큰 지혜로 불리게 되었다. 그 당시 나는 내 이름이 너무 싫었다. 나도 세상에 하나밖에 없는 예쁜 이름을 갖고 싶었다. 우리 반에 리영이라는 이름을 가진 친구가 있었는데, 성까지 하면 "유리영". 너무도 예쁜 한글 이름을 가진 그 친구는 우리 학교에서 단 하나의 이름을 가진 친구였다. 그 친구의 이름이 나는 너무도 부러웠다.

번호로 불린 고2의 사건은 그 한 해로 끝나지 않았다. 고3이 되어서도 그 13번 김지혜와 나는 헤어지지 않았고, 약간의 번호만 바뀐 채 여전히 번호로 불리게 되었다. 그런데 설상가상으로 그 친구와 나는 같은 대학, 같은 과에 진학하게 되었다. 그런데 또 다른 김지혜도 있었다. 이젠 같은 이름이 문제가 아니라 같은 성, 같은 이름이 같은 과, 같은 학년에 세 명이 있는 사태가 발생한 것이다. 결국, 학과 사무실에선 늘 신분증 대조와 번호로밖에 확인할 수 없는 상황이 되었다. 아마도 그 시절이 최악으로 내가 내 이름을 싫어했던 시절인 듯하다.

흔한 이름으로 생긴 사연 중에 가장 보편적이면서 가장 기분 나쁜 사연이 있다. 이런 경우는 친한 사람이 아닌 일 년에 한두 번 연락할까 말까 하는 그런 소원한 사이에서 이루어진다. 각각의 사람마다 지혜라는 이름을 가진 친구, 혹은 아는 사람을 두기 때문에 이런 일이 발생한다. 갑자기 전화해서 나도 알지 못하는 얘기를 한다. 그들은 내가 알지도 못하는 장소에서 나를 봤고 내가 지나가는 바람에 나에게 인사를 하지 못했다면서 그 상황을 얘기한다. 상황 파악을 겨우겨우 한 나는 혹시 내가 아닌 다른 지혜를 본 것은 아니냐면서 다시 묻는다. 그러면 그 사람들은 약 10초의 시간이 흐른 후에 정신을 차리고 내게 사과를 한다.

심지어 페이스북에서 최근에는 아주 웃기는 사건이 생겼다. 대부분 나를 착각하는 사람들은 나의 선배, 혹은 친구들이었다. 얼마 전 페이스북 내 담벼락에 아주 반가운 반말로 내게 인사를 한 사람이 있었다.

"잘 있었니? 내가 아는 지혜 맞지? 아주 반갑다. 연락 좀 자주 해."

그런데 그 사람은 나보다 나이가 몇 살은 어린 친구. 자신의 동생

뻘의 또 다른 지혜와 나를 착각한 모양이다. 또한, 그 어린 친구와 나는 몇 년 전에 생긴 불미스러운 일로 거의 연락 없이 지내왔었다. 참 재미있는 일로 그 친구와 다시 연락이 이어졌다.

이렇듯 너무 많은 오해와 착각을 불러일으킨 내 이름이어서 도저히 사랑할 수 없었다. 너무 평범한 내 이름이 싫어서 특별하고 예쁜 이름으로 개명도 하고 싶었다. 그런데 어느 날 나는 내 이름이 예뻐서 흔하다는 귀한 사실을 알게 되었다.

〈달려라 하니〉를 보게 되었는데, 그때 하니의 엄마의 이름이 '지혜'였다. 그리고 홍두깨 선생은 그 하니의 엄마와 아는 사이였다. 그래서 홍두깨 선생은 하니의 엄마의 이름을 참 다정하게 불렀는데, 그 부르는 소리가 참 예뻤다. "지혜야" 하고 부르는 소리는 어떤 말보다 예쁘게 들렸다. 그래서 그때부터는 흔한 이름인 것이 아쉽기는 하지만 부모님께서 예쁘게 지은 이름인 것을 알게 되었다. 이름값을 아직 못하지만, 예쁜 이름을 지어주신 부모님께 감사하며, 잘 살아 보련다.

### 5) 흔하디 흔한 내 이름, 그러나 참 둥글둥글하다

1974년 5월. 내가 태어나던 그해 봄. 부모님께서는 한참 TV 드라마에 빠져 계셨더랬다. '현정'이란 이름의 여주인공이 나오던 그 드라마는 당시 시청자들의 눈물샘을 자극하며 비극적으로 막을 내렸다고 한다. 아쉽게도 아버지께서는 당시의 드라마 제목을 기억하지 못하신다. 어느 여배우였는지 무척 궁금한데 지금으로서는 확인할 길이 없다.

어쨌든 그 드라마는 인기리에 끝이 나고 내가 태어났다. 아들이 아닌 딸이었기에 이름을 짓는데 굳이 항렬을 따르지 않아도 된다는 당시 아버지의 의지에 따라, 종영된 드라마 여주인공의 이름을 따서 '현정'이라고 이름을 지을까 하다가, 그 여주인공의 운명이 하도 기구하여 '현정'이란 이름 대신 비슷한 이름의 '은정'이라 짓기로 하셨단다. 참 어이없는 내 이름의 탄생 비화이다.

나는 학교 다니면서 내 이름이 참으로 싫었다. 당시 우리 반 친구들 이름 중에는 '하나', '나라', '은별'처럼 예쁜 한글 이름을 가진 아이도 있었고, '수빈, 세빈, 재영, 민혁, 은지'처럼 세련되고 멋진 이름을 가진 아이들도 상당히 많았다. 거기에 비해서 내 이름은 너무나 흔한 이름이었다. 심지어 초등학교 1학년부터 6학년 때까지 우리 반에 '은정'이란 이름을 가진 아이가 나 혼자인 적이 한 번도 없었다. 적어도 한 반에 '은정'이란 학생이 두 명 이상이었다.

그래서 나는 담임선생님께조차 은정이라는 이름으로 온전히 불린 적이 별로 없다. '작은 은정' 아니면 '큰 은정'이라고 불리곤 했다. 당시 내 키는 크지도 작지도 않은 어중간한 중간 키였기에 우리 반에 같은 이름의 은정이가 나보다 키가 작을 때도, 클 때도 있었다. 그때마다 내가 '작은 은정'이 되거나, '큰 은정'이 되었다.

이렇게 흔하디흔하던 내 이름은 중학교를 거쳐 고등학교에 가서 드디어 나만의 이름으로 불리게 되었다. 그건 아마도 한 학년에 여학생반이 다섯 개가 전부였던 남녀공학의 작은 학교였기 때문이 아니었나 싶다. 초등학교와 비교하면 여학생의 수가 상대적으로 적었기 때문에 같은 이름을 가진 '은정'이와 같은 반에 배정될 확률이 낮았던 것이다. 이때부터 비로소 나는 진정한 은정이가 되었다.

하지만 1988년 겨울! TV를 보던 나는 꿈에 그리던 내 이상형을 발견한다. 당시 대학가요제에서 '무한궤도'라는 팀으로 대상을 받으면서 등장한 '그'는 한 여고생의 마음을 사로잡기에 충분히 멋있었다. 서울의 꽤 유명한 대학에 다니던 '그'는 하얀 피부에 미소년의 미소를 머금은 동화 속 백마 탄 왕자님의 모습 그 이상이었다. 이후로 나는 '그'의 화보와 음반을 모으는 것은 물론 각종 공연장을 따라다닐 정도로 '그'의 열렬한 팬이 되었고, 심지어 학교에서도 나의 이름보다는 '그를 좋아하는 애'라고 불릴 정도의 열광적인 팬이 되었다. 그리고 나는 당시 '그'가 진행하는 라디오 프로그램에도 줄기차게 엽서를 보내는 등 팬으로서 적극적인 표현을 하기로도 유명하였다. 당시 내가 보낸 엽서가 라디오 방송에서 전파를 타는 일도 종종 있었기 때문에 우리 학교에서 나는 그야말로 '오은정=그'로 통하였다.

그런데 나는 당시 음악프로그램에 엽서를 보내면서 한 번도 '오은정'이라는 실명으로 엽서를 보낸 적이 없었다. 심지어 나는 '신올'이란 도장을 직접 만들어서 엽서의 발신자란에 '신올'이란 도장을 찍어 엽서를 보냈다. 내 이름이 너무도 흔한 이름이었기에 '그'에게 나의 존재를 각인시키기 어렵겠다는 나름의 생각도 있었고, '신올'의 뜻이 다름 아닌 '신○○에 올인한다.'라는 당시의 내 별명이었기 때문이기도 하였다. 지금 생각하면 참으로 웃기지만 '신올'이란 도장을 찍어 '그'에게 엽서를 보내는 일은 '그'에게 나의 존재를 알리고 싶었던 한 여고생의 절실한 자기 PR이었던 것이다. 이처럼 사춘기 시절의 나는 흔하디흔한 나의 이름을 버리고 '신올'이라는 이름으로 지내다가 대학에 입학하면서부터는 다시 '오은정'이란 이름으로 불리었다.

그런데 그것도 잠시. 대학에서 중어중문학을 전공하던 나는 중국인 교수님의 수업을 들어야 하는 경우도 많고, 중국 친구들과 함께 어울리게 되는 날도 많았다. 그러다 보니 자연스레 서로 중국어 이름으로 부르게 되었다. 내 이름은 吳恩貞. 중국어로 'wuenzhen(우언쩐)'이다. 이때부터 나는 한동안 '언쩐'이란 이름으로 살았다. 그리고 대학 때 경주가 고향이셨던 한 교수님께서는 '은정'이란 내 이름이 발음하시기 어렵다면서 항상 '언쩐'이라고 불러주시기도 하셨다.

'언쩐'

우리말로 옮겨보니 어쩐지 참으로 우스꽝스러워 보인다. 그리고 어떤 친구들은 내 중국 이름을 두고 '넌 뭐가 만날 언짢니?'라고 놀린 적도 있었다. ['언쩐'이란 중국어 발음이 '언짢다'의 한국어 발음과 비슷하기 때문임] 하지만 나는 이 중국 이름도 내 또 다른 이름이고, 중국 이름으로 바꾸어 부르니 '은정'이라는 흔하디 흔한 이름보다 조금은 특별해지는 것 같아 즐겨 사용하였다. 그리고 1998년, 인터넷과 '이메일'이란 것을 처음 접하게 된 후로 지금까지 모든 웹사이트의 내 아이디는 'wuenzhen'이 되었다. '은정'이란 이름에서 영어 이니셜로 아이디를 만들려고 하면 이미 '사용 중인 아이디'라는 메시지가 뜨곤 했다. 그러나 'wuenzhen'이란 아이디는 단 한 번도 거부 메시지를 받은 적이 없다. 아마도 '은정'이란 이름을 가진 사람이 중국어를 사용하고, 또 한자 이름까지 똑같은 경우는 흔치 않기 때문일 것이다. 개인적으로는 내가 중국어를 접함으로써 특별한 아이디를 가질 수 있게 된 상황이 참으로 다행이라는 생각이 든다.

인터넷 문화가 우리 생활에 깊숙이 들어오면서 요즘은 컴퓨터나 휴대전화 등의 각종 매체를 통해서 대화하거나 메시지를 전달하는 경우가 많아졌다. 특히 사이버 공간에서 수업을 듣고 온라인 동호회 활동도 하고, 인터넷 블로그나 페이스북, 트위터 등에서 실명보다는 아이디로 의사소통하는 경우가 많아진 요즘은 아이디가 이름처럼 사용되는 경우도 많다. 그래서 가끔은 '은정'이란 이름보다 '언쩐'이라는 또 다른 이름이 더 익숙하게 느껴질 때도 있다.

그리고 지금. 나는 싱가포르에서 'kelly'라는 또 다른 이름으로 살고 있다. 4년 전 남편의 직장일로 싱가포르로 이주하게 된 나는 처음 이곳에 왔을 때 외국인 친구들이 '은정'이란 이름이 기억하기 어렵다는 말을 하였다. 그래서 이곳 현지인들처럼 영어 이름을 만들어 나를 쉽게 기억할 수 있도록 해야겠다는 생각에 'kelly'라는 영어 이름을 만들어 사용하였다. [싱가포르에서는 본명 옆에 영어 이름을 붙여 사용하는 경우가 많음] 하지만 이곳에서의 생활이 장기화될수록 친구들이 'kelly'라는 영어 이름보다 '은정'이라고 불러줄 때 더 기분이 좋고 친근하게 느껴지는 건 왜일까? 흔하디 흔한 내 이름이 싫어서 이런저런 이름으로 바꾸었던 내가 다시 예전의 이름으로 불리기를 간절히 희망하고 있는 것이다. 왜일까?

어렸을 때 아버지께서는 내 이름 석 자에는 동그라미(ㅇ)가 모두 들어가 있다면서, 매사에 이름처럼 둥글둥글하게 살라고 말씀하시곤 하셨다. 그런데 아버지께서 지어주신 '오은정'이란 이름 말고 '언쩐' 이나 '켈리'와 같은 이름에는 둥글둥글한 동그라미가 별로 없다. 그리고 '오은정'이란 이름은 내가 원해서 만들어진 이름도 아니고 내가 좋아했던 이름도 아니다. 하지만 그 이름에는 어느새 '오은정'의 정체성이 담겨있는 것 같다. 그리고 마치 내가 살아온 삶의 발자취와 앞으로 살아가야 할 인생의 목표 그리고 꿈이 담겨 있는 것 같다.

오 은 정! 정말 둥글둥글하다. 그리고 오늘 다시 한 번 내 삶의 목표를 되새겨본다. 아버지 말씀처럼 그리고 내 이름처럼 둥글둥글하게 살아야겠다.

## 6) 흔한 이름이라 하여 귀하지 않은 것은 아니다[김미정]

내 이름은 흔하다. 학창시절에는 흔한 제 이름이 나는 너무 싫었다. 한자로는 '아름다울 미(美)'와 '곧을 정(貞)'자를 쓴다. 초등학교 때도 그랬고 중학교, 고등학교 때에도 이름은 물론 한자까지도 똑같은 친구가 꼭 있었다.

초등학교 때에는 이런 일도 있었다. 내가 초등학교 때 경상도에 살다가 충청도로 이사를 오게 되었는데, 시골인 우리학교는 학생 수가 많지 않아서 학년마다 한 반씩밖에 없었다. 내가 전학을 간 첫날, 인사를 하고 이름을 소개하는데 친구들이 막 웃는다. 왜 그런가 했더니 나와 이름이 똑같은 친구가 그 반에 있었다. 그 뒤로는 들어오는 선생님들마다 출석부로 이름을 호명하면서 다시 한 번 이름을 확인하고 또 '김미정, 몇 페이지 읽어봐' 그러면 나와 그 친구는 누가 읽어야 할지 몰라서 당황해 한 적이 많았다.

그렇게 한 반에 똑같은 이름이 두 명이나 되니 선생님이나 친구들이 '구별이 되는 호칭이 필요하겠다.' 하시더니 내 친구는 나보다 키가 크니 '큰 김미정', 난 키가 작으니 '작은 김미정' 이렇게 부르자 하셨다. 졸지에 '김미정'이었던 나와 그 친구는 '큰 김미정', '작은 김미정'으로 불리면서 친구들의 놀림감이 되었다.

　나와 이름이 같은 그 친구는 나를 많이 미워했다. 내가 전학을 옴으로써 친구들에게 이름을 가지고 놀림을 당하게 되었다는 이유에서였다. 어린 시절 쑥스러움도 많이 타고 내성적이었던 나는 경상도에서 전학을 와서 사투리 때문에 놀림을 받던 터에 이름까지 친구들의 놀림을 받자 더 옴츠려 들고 자신감을 잃었다.

　초등학교 때만 해도 나는 나와 똑같은 이름의 친구가 같은 반이 된 것이 정말 우연이구나 생각을 했다. 그러나 중학교, 고등학교를 가보니 우연이 아니었다. 나와 같은 이름의 친구들이 많이 있었다. 이름과 성, 그리고 한자까지 같은 친구도 한 명씩은 있고 성은 다르고 이름만 같은 친구들도 많았다. 너무 속상한 나머지 부모님께 항의한 적도 있었다. 왜 나와 같은 이름이 이렇게 많으냐고. 귀찮으니까 그냥 아무 이름이나 지어서 이렇게 똑같은 이름이 많은 것 아니냐고. 부모님께서 말씀하시길, 첫딸이라 이름을 아주 많이 고심해서 지으셨다고 했다. 우리 집안은 돌림자를 쓰는데 남자는 '봉'으로 돌림자를 쓰고 여자는 '미' 자로 돌림자를 쓴다고 말씀해 주셨다. 그래서 사촌 언니의 이름도 '미순', '미진' 이렇다. 우리 아버지께서는 한문의 뜻도 좋고 불렸을 때 호감도 가는 이름을 많이 고민하시다가 '미정'이라는 이름을 지었다고 한다. '아름답고 곧게 자라라'라는 의미에서.

　부모님은 본인의 자식이 태어났을 때 어떤 이름을 지을까 많은 고민을 한다. 옛날에는 질병으로부터 보호하기 위해 이름을 아주 천하게 짓거나 아들 낳기를 소망하는 부모님의 염원이나 서운함이 들어가 있는 이름들도 많았다. 이름에 아들 '자(子)'가 들어 있거나 '남

(男)'이 들어가 있는 이름은 대부분 그런 부모님의 염원이 아니었을까? 예나 지금이나 부모님의 소망은 한결같을 것이다. 지어준 이름이 자식의 앞날에 좋은 영향을 미치고 무병장수했으면 하는 소망 말이다. 그래서 요즘도 이름을 함부로 짓지 않고 지인에게 부탁하거나 작명소에 가서 비싼 돈을 주고 작명을 하는 경우도 있다. 또한, 최근에는 한자를 사용하지 않고 순 우리말로 이름을 짓거나 세례명을 그대로 이름으로 쓰는 경우도 많다. 푸름, 헬레나, 에스더와 같이 특이하고 한 번 들으면 잊히지 않는 이름이 그 예이다.

아버지의 말씀을 듣고 다시 생각해 보았다. 나와 같은 이름이 많다는 의미는 다시 말해 그만큼 그 이름의 뜻이 좋다는 의미로도 해석할 수 있다. 얼마 전에 나는 지금까지 내가 몰랐던 내 이름의 부수를 알게 되었다. 지금까지 한자 이름을 단순히 외워서 쓰기만 했지 그 이름의 부수가 무엇인지 모르고 있었다. 내 이름의 가운데 '美' 자의 부수는 '羊' 부수를 사용한다. 나는 내 무지함을 자책하며 내 이름에 '羊' 부수가 들어가 있는 것도 좋은 의미의 제 나름대로 해석으로 받아들였다. '순한 양처럼 아름답게'라고 말이다.

한때는 놀림도 당하고 너무 흔한 이름이라는 생각에 개명도 생각했지만, 지금은 그렇게 생각하지 않는다. 본인의 이름은 태어나면서부터 죽을 때까지 사용한다. 한번 '김미정'은 죽어서도 '김미정'으로 남게 된다. 본인의 이름이 듣기 이상하거나 안 좋다는 생각을 계속하게 되면 본인의 이름이 싫어지기도 하겠지만, 부모님의 소망이 들어있는 이름이라 생각하고 애착을 가지고 계속 사용한다면 친근감이

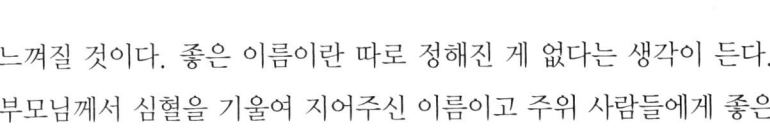

느껴질 것이다. 좋은 이름이란 따로 정해진 게 없다는 생각이 든다. 부모님께서 심혈을 기울여 지어주신 이름이고 주위 사람들에게 좋은 의미로 많이 불리고 알려지면 그 이름이 더 빛날 것이다.

요즘도 길거리를 지날 때나 TV 속에서 '미정'이란 이름을 자주 듣는다. 학창시절에 그렇게 듣기 싫던 그 이름이 이제는 정겹고 친근하게 느껴진다. '또 나와 같은 이름이 있구나!'라고 생각하면서 말이다. 더 이상 나와 같은 이름을 사용하는 사람을 보면 싫지 않다. 친근감도 들고 반가운 마음이 앞선다. 흔한 이름이라고 해서 귀하지 않은 것은 아니다. 그 이름 속에 부모님의 염원과 소망이 담겨 있고 나도 그 염원과 소망을 생각하며 아름답고 곧게 살기 위해 노력할 것이다. 오늘도 내 이름을 당당하게 불러본다. 미정아! 김미정!

## 3. 성별과 어울리지 않아요

### 1) 박봉수가 누구야?

내 이름은 박봉수(朴奉秀). 어려서 학교에 다닐 때 할아버지를 많이도 원망했다. 내 이름을 할아버지께서 지어 주신 것이고, 내 이름은 한국에서는 남자이름이기 때문이다. 할아버지 성함은 박해진, 종주 할아버지 성함과 대 할머니 성함 모두 '眞(진)'자 돌림이고, 아버지 성함은 박승래, 작은아버지 성함과 고모의 성함은 모두 '承(승)'자 돌림을 사용하신다. 그리고 우리 5남매 모두 '秀(수)'자 돌림을 사용한다. 박영수, 박문수, 박화수, 박일수, 박봉수. 이름만 보아도 항렬을 금세 알 수 있다.

하지만 다른 집 여자아이들의 이름은 돌림자로 하지 않고 예쁜 이름을 지어 주었는데, 왜 하필이면 내 이름을 이렇게 남성스럽게 지었는지 모르겠다. 보통 우리나라에서 여자아이의 이름에는 '자', '순', '숙', '희' 등이 들어가는 예쁜 이름이 많은데, 내 이름에는 '秀(수)' 자를 사용했기 때문에 남녀공학인 학교에 다닌 나는 내 저금통장 등 서류들이 남자아이들의 반에 가는 바람에 항상 싫었다. 또한, 담임선생님이 바뀌면 출석을 부르시다가도 "박봉수, 박봉수가 누구야? 손 들어 봐, 음 까마네." 하신다. 키 또한 작고, 피부도 까매서 머리를 짧게 자르면 남자라고 할 정도였다. 같은 반 친구들은 내 이름을 부르는 대신 '깜상', '땅콩'이라고 했다.

시골에는 솔개 하늘을 날며 닭 등을 잡아먹었는데, 동네 하늘에 솔개라도 날면 엄마 친구들은 "봉수 엄마, 솔개 떴다, 당신 막내딸 챙겨, 솔개가 채 갈라." 하시면서 웃으셨다. 등하굣길이 어찌나 싫은지 도망 다니다시피 했다. 하지만 고등학교 2학년 때부터 내 키는 다른 친구들이 부러워할 정도로 자라서 '땅콩'이라는 별명과 '깜상'이라는 별명을 졸업하게 되었다.

고등학교를 졸업한 어느 날 전화번호부를 통해 '박봉수'라는 이름을 찾아보았다. 그런데 놀랍게도 동명이 너무나도 많았는데, 게다가 대부분이 남자였다. 그래서 내 멋대로 이름을 바꾸어 '박지희'로 만들어서 사용했다. 그리고 중문학과에 입학하면서 내 원래의 이름에 애착을 갖기 시작했다. 또한, 결혼하면서 종로에 있는 유명한 도장집을 찾아가 도장을 새기면서 사주팔자를 말했더니, 아주 어울리는 이름이라고 해서 그 뒤로부터는 이름에 대해 불평을 하지 않고 사용하게

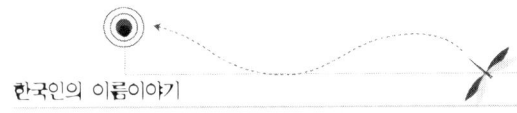

되었다. 그때부터 할아버지께서 지어주신 뜻이 남다르다는 것을 알았다.

안동 김가의 뼈대 있는(?) 집사람과 결혼을 했다. 남편 이름도 부르기 쉽지 않다. 김환회(金環會)로서 모든 형제가 '회'자를 돌림자로 사용하고 있다. '회'자는 다른 사람이 부를 때 참 어렵다. 다른 사람들은 남편을 부를 때 "환히", "한히" 등으로 불러 이름을 이야기할 때는 꼭 '구슬 환, 모을 회'라고 이야기하거나 '환하다의 환, 회사의 회' 이렇게 어렵게 말한다.

난 아기를 낳고 고민을 하기 시작했다. 이름에 대한 어릴 적 스트레스를 아이에게 주고 싶지 않았기 때문이다. 남편에게 말해서 아이들 이름은 돌림자를 사용하지 말고 부르기 좋고 기억하기 좋은 이름으로 해주고 싶다고 했다. 연애 시절부터 내 스트레스를 알고, 당신 이름도 부르기 어려워 불편함을 느낀 남편이 흔쾌히 승낙을 해주어서 아주 기억하기 좋은 이름을 지어 줬다.

지금도 처음 만나 사람에게 내 이름을 알려줄 때 미리 "내 이름은 남자 이름이에요."라고 먼저 말하는 버릇이 생겼다. 한 번은 결혼이주여성에게 내 이름을 적어주고 우리 친구 하자고 했다. 이 친구가 집에 가서 남편에게 "오늘 한국 친구를 사귀었어요." 하며 기쁘게 말했단다. 내 이름을 보여 주었더니, 남편이 화를 내며 만나지 말라고 했다고 한다. 이 친구는 무슨 영문인지 몰라 왜 그러느냐고 했더니, "남자 아니냐?" 하면서 믿지 못한 듯 전화가 왔다.

"박봉수 씨 맞아요?"

"네, 제가 박봉수인데요. 누구세요?"

"아, 여자시네요?, 저는 아무개의 남편 되는 사람입니다."

"........."

## 2) 영진 구론산 바몬드[이영진]

내 이름은 이영진(李英眞)이다. 2남 5녀, 7남매의 일곱째 딸이다. 아버지는 유복한 가문의 장남으로 지내다 전쟁 때 홀로 월남하여 늘 외로움이 많으셨다. 그래서 어머니는 이를 악물고 자식을 많이 낳으셨는데 덕분에 일곱째인 내가 태어날 수 있었다고 한다.

아들들은 항렬에 따라서 작명소에서 지었고, 딸들의 이름은 아버지가 직접 사주를 보고 나서 부르기 쉬운 이름으로 지으셨다고 한다. 순서대로 이영미(李英美), 이영란(李英蘭), 이영희(李英喜), 이영선(李英善) 그리고 나 이영진(李英眞)이다. 나와 다른 언니들은 큰언니부터 시작된 영(英)자를 이어받았다. 큰언니 이름은 아버지의 절친한 친구분이 '미(美)' 한 글자를 지었고 아버지가 '美'자와 어울리는 글자를 찾다가 아름답고 총명하라고 '영(英)'자를 쓰셨다고 한다. 내 이름 이영진은 돌림의 英 자에 언니들이 먼저 쓴 미, 란, 희, 선을 제외하고 남은 글자에서 탄생하게 되었다.

내 이름은 남자들이 많이 쓰는 이름이라서 간혹 남자로 오해를 받았다. 또 제약회사 이름과 같아서 학교에 다닐 때 선생님들이 늘 '영진 구론산 바몬드(드링크제 이름)'라고 놀리기도 했다. 하지만 장점도 있다. 우선 이름에서 여자표가 안 나서 좋다. 이름에 들어있는 '진(眞)' 자가 이름에 흔히 쓰이지 않는 것도 좋다. 또 직업상 외국 사람을 많이 대하는데 영어권 사람들이 이름을 잘 기억해 준다. 젊은 청

바지(young jean)로 기억하는지도 모르겠지만.

특히 나는 진(眞)자의 뜻이 제일 좋다. '참, 진실함, 본질' 등의 뜻을 가진 이 글자가 내 인생의 좌표를 보여주는 것 같아서 그렇다. 나는 지금 아주 좋은 사람은 아니지만, 거짓이 아닌 참되고 본질을 보려고 애쓰는 삶을 살고 싶기 때문이다.

원래 아버지는 '眞'자가 아니라 '珍'자를 쓰셨는데 면사무소 직원이 잘 못 올려서 그렇게 되었다고 '그 무식한(?) 직원'을 마구 뭐라고 하시지만…….

### 3) 광물의 이름 석영[이석영]

내 이름은 이석영(李石英)이다. 아버지가 지어주신 이름이다. 다른 사람들이 이름에는 잘 사용하지 않는다는 석(石) 자가 들어간다. 한자 그대로 풀이하자면 '돌꽃'이 될 수도 있겠지만, 나는 늘 '돌에서 피어난 꽃'이라고 설명한다. 돌처럼 단단한 곳에서 피어나는 꽃은 흔치 않으니 그만큼 귀한 존재라는 이야기를 어릴 적부터 늘 듣고 자랐기 때문이다.

내 이름이 이렇게 지어진 이유를 설명하기 위해서는 내 언니의 이름-이석복(李石馥)-에 대한 설명이 필요하다. 우리 집안 남자들의 이름에는 모두 향기 복(馥)자가 들어간다. 첫째 자식이 아들이기를 바라셨던 아버지는 언니가 태어나기 전부터 좋은 이름을 짓기 위해 고민을 하셨다. 돌림자인 복(馥)을 꼭 넣어야 하는데 맘에 드는 이름은 이미 다른 사촌들이 차지했기 때문이다. 금복(金馥)이를 생각했다가 한자의 획수가 이름에 좋지 않아 선택하지 않고, 남들이 잘 사용하지 않아 특이하고 획수도 알맞은 석복(石馥)으로 언니의 이름이 정해졌다. 한자 획수가 이름에 어떤 영향을 끼치는지, 왜 돌림자를 써야만 하는지 나는 잘 모르지만, 딸로 태어난 언니는 이미 지어진 아들의 이름을 그대로 사용하게 되었다.

아버지는 둘째이자 막내로 태어난 나 역시 딸인 것을 보시고, 돌림자인 복(馥)보다는 둘이 자매라는 사실에 의미를 두고 싶으셨다. 그래서 석(石)자를 공통으로 넣고 좀 더 여성스러운 의미를 부여하고자 영(英)자를 택하셨다. 언니의 이름이 심사숙고해서 지어진 것에 비해 내 이름은 순식간에 지어졌다.

석복, 석영 두 이름은 흔하지 않다. 이것은 가장 큰 장점이기도 하다. 첫인상 만큼이나 이름이 주는 이미지도 중요한데, 한 번 들으면 잘 잊어버리지 않는다는 장점이 있다. 특히 언니의 이름이 더 그렇다. '향기나는 돌'과 '돌에서 피어난 꽃'이라는 의미 역시 큰 장점이라 생각한다. 늘 부르는 이름에 담긴 뜻대로 아이들이 성장하기 때문에 이름 짓는 것이 중요하다는 말이 있다. 정말 맞는 말인 것 같다. 언니와 내가 돌처럼 단단하게 자신만의 향기를 가지고 각자의 길을 잘 가고 있으니 말이다.

성장하는 동안 이름으로 인한 작은 문제와 고민들이 있었다. 언니는 학창시절 내내 별명이 '떡볶이'였다. 발음이 비슷하다는 이유 때문이다. 나는 과학 시간에 광물 이름인 '석영'이 나올 때마다 친구들 입에 오르내렸다. 한자까지 똑같이 쓰는 데다가, 초등학교 때는 또 다른 광물인 '장석'이라는 이름을 가진 친구가 같은 반에 있었기 때문이다. 게다가 '석' 자가 '石'인 것을 밝히게 되면 또 한바탕 웃고 넘어갔다. '돌'의 이미지가 어리석다는 느낌이 강하기 때문에 이름에 '石' 자가 들어있다는 것을 재미있게 생각하는 사람들이 많았다. 만약 학창 시절에 언니와 제가 공부를 잘 못했더라면 중간에 이름이 바뀌었을지도 모르겠다. 분명 이름 탓이라고 생각했을 것이다.

그러나 이보다 더 큰 단점은 이름만 들었을 때 남자로 착각한다는 점이다. 석복, 석영 모두 남성적 이미지가 강해서, 만나보기 전에는 남자로 알고 있는 경우가 많다. 남자로 오해받아 이익을 본 것보다 손해 본 경우가 더 많은 것 같다. 남자 이름, 여자 이름으로 정해진 규칙은 없지만, 사회 통념상 가지고 있는 남녀의 이미지를 살려서 이름을 짓는 것이 좀 더 편리하다는 생각이 든다.

### 4) 김언경

내 이름 김언경. 아버지께서 지어주신 이름이다. 한자로는 '선비 언(彦)' 자와 '서울 경(京)' 자를 써서 '언경'이라 하는데 특별히 의미를 두어 지어 주신 이름은 아닌 듯하다. 나는 1남 3녀의 막내로 위로 언니인 명선과 명주, 오빠 언근이 있다. 원래 내 이름은 할아버지께서 사랑 애(愛)자와 서울 경(京)자를 써서 사랑받는 여자아이가 되라고 '애경'이라고 지어 주셨다는데, 출생 신고를 하러 가신 아버지께서 호적을 보니 위로 둘(명선, 명주)이 한 묶음인데, 아래 둘은 언근, 애경으로 이름이 각각이라 맘에 들지 않으셨단다. 그래서 사랑 애(愛)자 대신에 오빠와 동일한 선비 언(彦)을 넣어서 이름을 바꾸셨다.

얼떨결에 지어진 이름이지만 아버지께서는 '선비가 서울로 간다.'는 뜻으로, 사람이 제 능력을 발휘할 수 있는 올바른 위치에 있는 것이 이름의 뜻이라고 해몽을 더 그럴 듯하게 하신다. 한동안 직장일 때문에 서울에서 3년 정도 살게 되었었는데 부모님은 '이름대로 서울로 갔구나.'라며 재미있어 하셨다.

원래 선비 彦(언)자는 여자 이름에는 잘 쓰지 않는 한자다. 그래서인지 성격이 여성스럽지 못하고 남자답다. 이전 전공 역시 건축공학으로 제3의 성(性)이라 불리는 공대 여학생이었으니 성격이 미루어 짐작할 만하다 할 것이다. 보통은 '은경'이라는 이름이 흔한 데 비해 독특한 이름이라 개성을 중요시하는 사춘기에 자랑스러워하기도 했다.

그러나 부산에서 살고 있다 보니 힘든 점도 있었는데 이름을 말했을 때 제대로 기록해 주는 이가 없었다는 것이다. 경상도 방언 특성상, '으'와 '어' 발음 구분이 잘 안 되는 데다가 '은경'이라는 이름이 인식된 경우가 많아서 '은경'이라 기록해 버리기 일쑤이고, '언'자를 강조하면 '원경'이라 써버리고, 출석부에 기록된 이름도 '인경'이라 읽히는 일도 비일비재했다. 그래서 이름을 소개할 때 '김 언↗경입니다.'라고 말하는 습관이 생겨버렸다. 그래도 다행스러운 것은 부산 사투리의 억양은 있으나 '으'와 '어' 발음은 명확히 구분하게 된 점이랄까… 언젠가 성명학 풀이를 하는 사람 말로는 나의 사주와 이름이 잘 맞아서 마치 작명소에 지은 이름 같다고 한다. 꼭 믿는 것은 아니지만 좋다는 말이 나쁘다는 말보다는 훨씬 기분 좋은 일이다.


### 5) 김영란?[김영남]

언덕 위에 있는 커다란 밤나무 밑에서, 하얀 소복을 입은 돌아가신 할머니가 어머니를 부르셨다. 할머니께로 다가간 어머니는 할머니가

던져주시는 토실토실한 밤들을 치맛자락으로 받아 내셨다. 그리고 몇 달 후 내가 태어났다.

　어머니는 내가 태어난 뒤, 내 출생일시를 가지고 할아버지께로 갔다. 그리고 할아버지께 내 이름을 지어 달라고 부탁드렸다. 할아버지는 어머니의 태몽과 출생일시를 받아든 후, 몇 가지 생각해 놓은 이름이 있으니, 며칠 후에 집으로 찾아가겠다고 말씀하셨다고 한다. 삼일 후 찾아오신 할아버지는 내 출생일시가 적혀있는 종이를 내려놓으며, 추운 겨울에 태어나 겨울 추위에는 잘 견딜 것이며, 달의 기운이 짙은 저녁에 태어나 달의 정기를 많이 받았을 거라 말씀하셨다고 한다. 집안에서 여자아이에게는 돌림자인 "영" 자를 붙였기에 앞글자는 "영"으로 하고, 돌아가신 조상[할머니]이 태몽에 나왔으니 큰 인물이 될 거라 하시며, 여자아이인 나에게 오래오래 살라는 의미에서 남자의 의미가 붙여진 "남"자를 붙여 "영남"이란 이름을 지어주셨다. 할아버지는 옛 풍습 중 "여자가 남자의 이름을 갖고 있으면 오래 산다."라는 옛 어른들의 말씀을 내게 전해준 것이다.

　사람들을 처음 만나 자기소개를 할 때, 나는 이름을 두 번씩 말한다. "안녕하세요. 김영남입니다."라고 말하면, 사람들은 "김영란?"으로 되묻는다. "아니요, 김영남입니다."라고 다시 정정해서 말해주고서야 사람들은 내 이름을 "김영남"으로 기억한다. 이름 확인 후 첫마디는 "이름이 남자이름이네요?"라는 말을 건넨다. 또한, 나이 든 어르신들은 내 이름을 들을 때마다 "북에서 높은 사람이 왜 여기 와서 살아?"라고 농담을 하기도 하고, "밑에 남동생 봤어?"라고 묻기도 한다. 남자 같은 이름으로 어렸을 적부터 많은 놀림을 당하기도 했고,

남아선호사상을 강조하는 어른들의 생각에 남동생을 위해 내 이름이 존재한다고 생각하여 울화도 많이 치밀었던 적이 한두 번이 아니었다. 나중에 성년이 되면 꼭 개명하겠노라고 수없이 다짐하고 다짐했던 내 이름이었다.

그러나 성년이 된 후, 할아버지께서 남겨주신 내 이름의 의미를 받아들이게 되면서 내 이름을 숨기지 않고 떳떳하게 밝힐 수 있게 되었다. 어른들이 '북한 위원장'이냐고 물으면 큰 인물이 되라는 의미로 지어주신 이름이라고 답하게 되었고, 남자이름 같다고 말하면 절대 잊어버리지 않을 이름이니 기억하기 쉽다고 말해주기도 한다. 또한, 꽃부리 영(英), 남녘 남(南). 나는 남쪽의 꽃이라고 말하며 어머니의 배려[여자이기에 한자만은 사내 남(男)자 대신 남녘 남(南)자로 호적에 올리심]에 감사했으며, 남동생을 보았느냐는 어른들의 물음에 첫째가 장남이라고 말하며 이제는 딸이 귀한 시대이니 여아선호사상으로 바꿔달라고 말하기도 한다.

현시대의 예쁜 이름도 아니고, 남자 같은 별 볼 것 없는 이름 같지만, 사람들은 내 이름으로 나를 기억한다. 지난 과거에는 내 이름에 대해 또래 친구들에게 놀림도 당하고, 창피하기도 했지만, 그 투박해 보이는 내 이름이 지금의 나를 만들었다. 쉽게 기억할 수 있고[유명인사의 이름] 성별을 혼동하게 되는…. 그래서 나를 더 기억해 주고 재미있고, 조금은 당돌해 보이는 나를 비춰줄 수 있게 되었다. 진정한 나를 만들어 주기 위해 이 이름을 지어주신 돌아가신 할아버지께 가슴 깊이 감사하고 또 감사하다고 전하고 싶다. 할아버지의 깊은 뜻을 받들어 오래오래 건강하게 살면서 큰 사람이 되겠노라고 다짐한다.

## 6) 차라리 옥수수라고 하지[신옥식]

사람은 태어나면서 이름을 부여받는다. 이름은 그 사람의 정체성이다. 예로부터 이름은 일생을 좌우한다 하여 작명할 때 매우 신중을 기했음을 알 수 있다. 무인도에서 혼자 산다면 이름이 필요 없을 것이다. 유엔 인구국(PD)의 발표에 의하면, 오늘날 지구 상에 사는 세계 인구는 60억을 넘어 2011년 말에는 70억이 되리라고 추산한다. 세계 인구 70억이 사는 지구촌에서 이름이 없다면 우리는 그 사람을 어떻게 나타낼 수 있을까? 이름은 바로 사람과의 관계 속에서 '내가 누구인가?'를 대표하는 상징 기호로서 매우 중요하다.

내 이름은 신옥식(申玉植)이다. 할아버지께서 작명하셨다. 동양 고대부터 귀하게 여겼던 옥玉 혹은 보물을 묻어 놓고 살라고 지으신 이름이다. 즉 일생을 옥처럼 귀한 존재로서 굶지 말고 부를 축적하며 살라는 할아버지의 큰 뜻이 담겼다. 그러나 나는 부귀영화의 뜻이 담긴 내 이름에 단 한 번도 만족해 본 적이 없다. 오히려 이름 때문에 자신감을 잃고 위축이 될 때가 더 많았다.

이름 때문에 창피를 당하고 얼굴이 화끈거렸던 첫 기억은 초등학교 2학년 무렵이었다. 무엇 때문인지 기억은 나지 않지만, 그때 우리는 도서관 앞에서 긴 줄을 서서 차례를 기다렸다. 내 차례가 되어 신옥식이라고 이름을 밝혔다. 선생님께서는 '신옥신'이라고 받아적으셨다. 신옥신이 아니고 신옥식이라고 다시 말씀드렸다. 이번에는 '신옥숙'이라고 적으셨다. '신 옥 식'이라고 다시 말씀드리자, 선생님께서는 발음을 똑바로 하라며 옆에 있던 막대기로 내 머리통을 때렸다.

'옥' 자와 '식' 자가 'ㄱ' 받침이라 연달아 발음하기도 어렵지만, 선생님께서도 여자아이 이름이 '식'자일 것이라고는 예상을 못 하셨기 때문이다. 그 후로는 이름을 밝혀야 할 때면 몹시 주눅이 들었다. 예쁘지도 않은 이름을 한 자 한 자 힘을 주어 발음하느라 심적 고통이 따랐다. 지금도 내 이름을 밝혀야 할 상황이 되면 상대방이 알아듣지 못할까 봐 무의식적으로 바짝 긴장한다.

두 번째 놀림감이 된 것은 중학교 때 수학 시간이었다. 내가 가장 재미있고 자신이 있었던 과목은 수학이었다, 아버지가 맏딸인 내게 일찍부터 주산을 가르쳐 주셨던 것도 한몫을 하였을 것이다. 나는 수학 시간만 되면 활기가 넘쳤다. 지금 생각해보면, 내가 처음으로 이성을 느꼈던 사람도 수학 선생님이었다. 선생님 성함만 들어도 가슴이 콩닥콩닥 뛰었고, 아이들이 선생님에 대해서 말을 할 때는 감정을 숨기고 솔깃해서 듣곤 했다. 그런데 선생님은 내게 상처를 주셨다.

학교는 남녀공학이었다. 우리 반에 '김경순'이라는 남자아이가 있었다. 수학 선생님은 문제를 풀 때마다 나와 김경순에게 자주 시켰는데, '식'이와 '순'이가 나와서 풀라고 하셨다. 대부분 친구들은 수학을 어려워했고 수학 시간을 몹시 싫어했다. 문제를 제대로 풀지 못해 꾸중도 많이 듣고 매도 엄청나게 맞았다. 때로는 뺨까지 후려치셨다. 사춘기 여자아이들은 수학 선생님에게 벌을 받거나 매를 맞고 기분이 좋지 않을 때는 나를 놀리는 것으로 화풀이하곤 했다. "식이가 풀어봐!" 선생님께서는 학생이 기특해서 농담으로 '식'이라고 하셨지만, 아이들은 선생님 흉내를 내면서 남자 이름을 빈정댔다. '차라리 옥수수라고 하지 그랬어?' 친구들이 놀릴 때마다 '식'이가 싫었다.

그러던 중 겨울방학 때, 큰고모 댁에 갔다. 큰 고모부는 그 해의 신수를 보신다며 토정비결을 펼쳐놓고 읽으셨다. 큰 고모부는 한문에 조예가 깊어 역학에 능하셨다. 풍수지리학에도 능하셨고, 이름 풀이도 잘하셨다. 사촌들과 나는 호기심이 가득한 눈으로 고모부에게 생년월일을 드리고 공부를 잘하겠는지 사주도 봐달라고 졸랐다. 고모부께서는 사주는 아이들이 보는 것이 아니라며 웃으셨지만, 끝내 우리의 청을 거절하지 못하셨다. 백 퍼센트 믿을 것은 못 된다며 반은 농 삼아 봐주셨다. 그때, 나의 사주와 이름 운은 '용두사미'였다. 피가 거꾸로 솟는 기분이었다. 초년 운과 말년 운은 괜찮으나 청소년 운은 좋지 않다는 것에 엄청난 충격을 받았다. 무엇을 피하고 조신하라는 내용은 귀에 들어오지 않고 '용두사미'라는 네 글자만 머릿속에 각인되었다. 아버지께서 용꿈을 꾸었다는 '태몽'과도 관련이 있다고 생각했다.

아버지께서는 어질고 착한 남동생보다 적극적이고 활달한 내가 아들이었으면 하는 마음을 감추지 않으셨다. 그리고 곧잘 꿈 이야기를 들려주셨다. 아버지 말씀에 의하면, 어머니가 나를 임신하시고 두 분은 한날한시에 하늘을 승천하는 용꿈을 꾸셨다고 한다. 아버지가 이를 기이 여겨 몽점을 보았는데, 신씨 가문을 크게 일으킬 첫 아들이 태어날 태몽이라고 해서 집안이 경사스러웠다고 한다. 신씨 가문의 자랑이었던 신숙주 같은 인물이 나기를 기대하면서 문밖에서 기다렸는데, 아들이 아니라 딸인 내가 태어났다. 이를 두고 아버지는 꿈을 발설한 당신의 탓으로 여겨 늘 후회하셨다.

아버지도 나도 염색체가 이미 성별을 결정했다는 과학적인 근거를 모르는 바는 아니겠으나 꿈을 무시하지 못했다. 고집이 세고 한번 결정한 것은 끝까지 하고 마는 기질적인 성격을 가진 나를 두고 아버지는 늘 염려하셨다. 아들이 태어날 태몽을 여자아이가 받아 태어났기 때문에 사주가 사나울 것이라며 조신하게 키우도록 어머니에게 당부하시곤 하셨다. 나도 머리만 있고 꼬리가 없는 해괴망측한 용이 되지 않으려고 완벽증에 가까우리만큼 뒷정리를 하느라 인생이 몹시 고달팠다. 남편은 태몽이 착한 남편을 만나 미국까지 오게 된 용꿈이라며 우스갯소리를 한다.

큰 고모부 댁에서 '용두사미'라는 명운을 보고서 나는 몹시 고민이 되었다. 생년월일은 인력으로 어떻게 할 수 없겠으나 촌스러운 옥시기(옥식)라는 이름은 바꾸고 싶었다. 혼자 있을 때면 불리고 싶은 예쁜 여자아이의 이름을 상상했다. '신혜정'이라는 이름을 갖고 싶었다. 할아버지가 돌아가신 후, 아버지께 거짓말을 했다. 고모부가 '신옥식'은 명이 짧은 이름이라며 '신혜정'으로 개명하라고 하셨다고 하자 아버지께서는 쾌히 승낙하셨다. 그리고 '혜정'이라 불러주셨다.

학교 이름은 '신옥식'이고 집에서는 '신혜정'이었다. 두 개의 이름을 사용하면서 문제가 생겼다. 우선, 남들에게 '신혜정'으로 이름이 바뀌었다는 것을 일일이 설명하는 것이 번거로웠다. 법적 이름을 모르는 사람에게 개명을 가르쳐 주는 것도 거짓말을 하는 것 같아 여간 불편한 것이 아니었다. 무엇보다 가장 갈등이 심했던 것은 정체성의 혼란이었다. '신옥식'이라는 이름과 '신혜정'이라는 이름을 사용했을 때, 어떤 이름을 사용하느냐에 따라 말투나 행동, 사고까지도 달라졌다. 몸 하나에 두 인물이 존재하는 것처럼 느껴졌다.

결론적으로 나는 길흉화복이 신의 뜻에 따라 결정되거나, 우주 운행의 이치에 따라 이미 정해졌다는 선택설은 믿지 않는다. 삶이 태어날 때부터 타인에 의해 선택됐다면 사는 것이 무슨 의미가 있을까? 운명은 명을 스스로 운전하는 것이다. 얼굴은 자신의 의지로 운명을 만들어 가는 과정이 얼이 되어 굴로 나오는 것으로 생각한다. 즉 자신의 의지로 운명을 어떻게 조절하면서 사느냐에 따라 얼굴의 표정이 달라진다는 뜻이다. 이름 또한 한문으로 풀이하고 그 획에 따라 운명이 결정된다는 것은 어불성설이다. 그러나 작명의 중요성은 인정한다. 왜냐하면, 이름은 사람들의 관계 속에서 자신을 나타내는 상징이며 자기충족적 예언이기 때문이다. 그래서 이름은 기억하기 쉽고 듣기 좋은 이름이면 가장 좋은 이름으로 생각한다.

### 7) 영화배우 장동휘 때문에 지어진 이름[정주휘]

아버지는 예전 영화배우 장동휘(張東暉) 씨의 팬이었다. 특히 그분 이름의 뜻이 상당히 마음에 들었고 매력적이라고 생각하셨다. 그래서 아버지는 훗날 아들을 낳게 되면 "정동휘"라는 이름으로 지으려고 마음을 먹으셨단다.

그런데 아버지의 첫아이로 딸인 제가 태어났고 딸아이에게 "동휘"라는 이름은 안 어울린다고 생각하셔서 아버지는 일주일을 고민하셨다. 고민하시던 중 중간의 글자만 바꾸면 딸아이 이름으로 '휘'를 사용해도 괜찮겠다는 생각을 했고, 옥편을 펴서 하나하나 대조하며 또 며칠을 고민하셨다. 늦은 나이에 결혼하셔서 얻은 첫아이여서 이름을 더욱 쉽게 지을 수 없었다.

아버지께서는 딸아이의 이름을 손수 짓고 싶은 마음에, 어른들이 추천해주시는 여러 곳에서 좋다고 하는 이름들을 사양하고 오랫동안 마음에 품어온 '휘'를 살려 이름을 짓기로 결정하셨다. 딸이니 외모가 중요하겠다고 생각해 빛나고 아름다운 보석이 되라는 뜻으로 '구슬 주(珠) 빛 휘(暉)'로 결정하셨다. 내가 자라는 내내 아버지는 내 이름에 대단히 만족해 하셨다. 이름 잘 지었다고. 그리고 사람은 이름대로 뜻대로 된다고 생각하셔서 내가 환경과 세상에서 한계를 느껴 좌절할 때마다 내 이름의 뜻을 말씀하시며 네 이름대로 언젠가는 나라의 빛나는 보석이 될 것이라며 늘 격려하셨다.

이름에 "휘" 자를 많이 사용하지 않아서 그런지 내 이름의 끝 글자를 '희'로 오해받은 적이 많다. 초등학교 1학년 1학기 통지표가 나올 때까지 학교에서는 내 이름을 '정주희'로 기록하고 있었다. 선생님은 정주휘를 그 당시 흔하던 '희'를 잘못 적은 것이라고 생각하시고 '정주희'라고 고치셨다. 결국, 통지표까지 '정주희'로 발송되는 일이 발생되었다. 아버지가 학교에 전화해서 잘못되었다는 것을 말씀드리고 나서야 출석부와 생활기록부 등 여러 서류들이 '정주휘'로 바뀔 수 있었다.

초등학교 1학년 시험을 볼 때 있었던 일이다. 시험지의 이름을 적는 곳에 '정주휘'라고 적었는데, 선생님께서 잘못 적었다고 말씀하시며 '정주희'로 고쳐주셨다. 나는 선생님께 아니라고, 내 이름은 '정주휘'가 맞는다고 말씀드렸는데도, 선생님은 내가 아직 1학년이라 한글을 잘 모른다고 생각하셨는지 내가 잘못 알았다고 하셨다.

초등학교 저학년 동안에는 학기 초마다 출석부든 어디든 내 이름이 '정주희'로 적혀 있다가, 내가 말씀드리고 나서야 비로소 고쳐지는 일이 많았다. 지금 생각하면 초등학교를 들어가기 전에 입학 관련 서류가 동사무소에서 갔을 것 같고, 학년마다 생활기록부가 넘어갔을 것 같은데, 어떻게 그런 일이 있었는지 모르겠다. 하지만 그 당시에는 한 학급에 60명이 넘는 학생이 있었던 것을 생각하면, 선생님들도 학기 초에는 학생들 모두에게 신경 쓰기 힘들지 않으셨을까 생각해 본다. 이런 일들은 중학교까지도 이어졌던 것으로 기억한다.

학교에서뿐만 아니라 은행이나 신용카드 발급, 고지서 등에도 '정주휘'를 '정주희'로 혼동하여 잘못 기재된 경우가 많았다. 예전에 신분증을 제시하지 않아도 은행에서 통장을 만들어 주던 시절이 있었는데, 신청서에 '정주휘'라고 적었는데도 '정주희'로 통장이 발급되어 다시 발급받은 적이 있었다. 성인이 된 후 신용카드를 발급받을 때도 내가 적은 신청서와 다르게 이름이 '정주희'로 발급되어 재발급을 요구한 경우도 있었다. 고지서나 편지에 이름이 잘못 적혀서 오는 경우도 물론 많이 있었다. 친하게 지내는 친구인데도 매번 메신저나 문자를 주고받을 때는 내 이름을 "주희야"라며 불러 "내 이름 잘못되었다."고 지적하면 친구가 미안하다고 하고, 매번 틀리게 적는 경우도 있었다.

이 밖에도 너무 많아서 언제부터인가 내 이름을 이야기할 때 이름을 말하고 난 후 휘파람 할 때 "휘"라고 말을 덧붙여 주는 버릇이 생겼다. 그리고 친구들끼리 메신저나 문자를 주고받다가 이름이 틀려도 이제 아무 말도 안 하고 그냥 웃어넘기는 여유도 생겼다. 그러다 보니 다른 사람을 통해 내 이름을 듣기만 하고 사귄 한 친구는 1년 가까이 내 이름을 정확하게 몰랐다가 무슨 반대 서명을 하다 내 이름 적는 것을 보고는 깜짝 놀라며 "네 이름이 주휘였냐? 지금까지 주희인 줄 알았는데, 몰라서 미안하다."고 하였다.

때로는 조금 불편할 때도 있었고 어릴 때는 남들과 다른 저의 이름이 부끄러울 때도 있었다. 꼭 한 번씩은 내 이름을 다시 말해주거나 써서 보여주어야 했고, 친구들에게 이름이 부르기 어렵다거나 특이하다는 이야기를 많이 들었다. 하지만 아버지가 어떤 뜻으로 얼마나 수고해서 그 이름을 지으셨는지를, 그리고 아버지가 얼마나 소망을 가지고 내 이름을 지으셨는지를 알고 나서, 지금은 내 이름은 내 자랑이 되었다. 그 후로는 자기소개를 할 때면 아버지가 얼마나 수고하심과 소망하심으로 내 이름을 지으셨는지를 자랑스럽게 이야기하곤 한다.

### 8) 김종희

내 이름은 김종희. 이름만 들어서는 나를 여자로 알기 십상이다. 하지만 남자이다.

이름 때문일까? 살아오면서 아무리 남자다운 모습을 추구해도 터프한 스타일은 되지 못하고 약간은 여성스러움이 포함된 샤프한 이미지가 강하게 부각되어 살아온 것 같다.

초등학교 6학년 때 일이다. 등교 첫날 담임선생님께서 이름을 부르는데 '김종희'라는 이름을 부르자 나와 여자 김종희는 함께 '네'라고 대답을 했다. 그 후 친구들에게 나와 그 여자 김종희는 충분히 놀림감이 됐다. 친구들은 "종희야" 부르고는 그 여자 김종희가 뒤돌아보면 "너 말고 남자 김종희"라며 놀려댔다. 하루는 나한테도 그러기에 진짜 화를 내며 한 번만 더 하면 가만두지 않겠다고 했더니 더 이상

나한테는 장난을 치지 않았다.

그러던 어느 날 그 여자 김종희에게 똑같이 장난을 치는 걸 보니 너무 화가 나서 친구들에게 이야기했다. 앞으로는 여자 김종희도 놀리지 말라고. 나는 그냥 그 여자 김종희가 나와 같은 이름이라는 이유로 놀림당하다 보면 나도 다시 놀림을 당할 것 같아서 친구들한테 겁을 주었던 것이다. 그 여자 김종희에게는 좋은 기억으로 남았을 것이지만, 하필이면 그날 내가 다시 놀리면 죽여 버릴 거야라고 했던 아이들 중에 요새로 치면 일진회 녀석들도 있었다. 물론 이길 자신이 있어서 한 말이지만 그날 그 친구들에게 나는 얼굴을 알아볼 수 없을 정도로 심하게 맞았다. 그 이후 그 무리는 나를 괴롭히기 시작했다. 돈도 빼앗고 숙제도 대신하게 했다. 난 그렇게 나약한 나 자신이 너무 싫었다. 자살하고 싶은 마음도 있었다.

그러다 결국 아버지의 신고로 경찰이 학교에 찾아와 주동자 한 명은 전학을, 나머지 친구 세 명은 근신 처리를 받게 되었다. 그 일은 내게는 씻을 수 없는 마음의 상처로 남았고, 학교에 다니기조차 부끄럽고 힘들었다. 다행히 6학년이라 친구들과 그리 오래 보지 않아도 중학생이 되면 그 초등학교를 떠날 수 있다는 생각으로 공부만 열심히 하며 지냈다. 그러나 꿈에도 그리던 중학교에 입학하자, 일진회 아이들의 횡포는 더 심해졌다.

그 횡포를 이겨 내려다 나도 모르게 그 일진회와 버금가는 힘을 갖고 있는 아이들과 친해지게 되었고, 공부보다는 중학생의 신분으로 어울리지 않는 담배와 술을 배우면서 나를 때렸던 녀석들에게 힘으로 복수하려 했다. 자연스럽게 공부와는 멀어지게 되면서 친구들과 함께 여럿이 몰려다니면서 힘을 과시하는 바보 같은 행동을 하게 되었다. 결국은 대학은 구경도 못해보는 그런 사람이 되었다.

### 9) 이하범

함평이씨 고양공파 28대손 이하범. 족보를 찾아 살피면서 결국은 기대를 저버리는 현실이 벌어졌다. 예외 없이 나는 족보에 없었다. 미혼이라 자식이 없는 나로서는 죽고 나면 이 세상에 있었던 사람인지도 모르게 잊히는 사람이 된다는 사실이 당황스러웠다.

여자인데도 '법 범(範)'자라는 돌림자를 따를 수밖에 없었던 내 이름이 가지는 특성 때문에 나는 당연히 족보에 올랐으리라는 기대를 하고 족보 탐험이 시작되었는데 이럴 수가? 우리 가계에서도 예외 없이 낯선 전주 이씨(큰 형부)와 경주 이씨(작은 형부)는 올라 있어도 '함평 이씨 고양공파' 28대손인 내 이름은 찾을 수가 없었다는 사실에 놀라움을 감출 길이 없다.

나는 오해의 소지를 줄이고자 소통하거나 같이 지내는 동안 늘 이름은 남자이나 생물학적으로는 여자임을 밝혀야 했다. 전화를 걸어서 받은 사람이 당사자임에도 바꿔 달라는 얘기를 들어야 했고, 한 번의 소개로는 부족해서 반복해 말을 해야 정확한 이름을 기억하는 사태도 벌어졌으며, 연애시 분위기 있는 호명은 불가능할 수밖에 없었던 이 사태가 결국은 족보에 오르지도 못하면서 항렬자를 따라 지을 수밖에 없었던 내 운명이었다.

이제는 30년도 더 된 일이기는 하지만 아직도 생생하게 기억이 된다. 고등학교 시절 문예부로 선발되어 모임을 하게 되었는데, 이름을 호명하시던 선생님께서 '이하범? 이름 좋다. 근데 여자 이름에 법 범 자를 쓰네?' 선생님의 표정에 난감한 기색이 역력했다. '내 이름이 여자 이름으로 적합하지 않은 이름인가?' '여자 이름과 남자 이름은 어디가 달라야 하나?' 그때 어린 마음으로는 결코 인정하고 싶지 않았지만, 부르기 좋고 한국식 가치체계에 익숙한 부드러운 이름을 대하면 은근한 경계심에, 쓸데없는 모멸감도 생기곤 했던 게 사실이다. 그것이 원인이었는지 여타 자리에서 직접 이름을 밝혀야 하는 일은 기피를 하게 되었고, 나서는 걸 불편해 하는 습관까지 자리를 잡았다.

어른이 되어서는 이름이 가지는 분위기가 강하면 어른들 덕담으로는 '큰일을 하겠다'였지만 '팔자가 세다'는 의미로 해석되기도 했다. 유교적 관점에서 보면 나는 어르신들이 생각하시던 그대로 된 걸지도 모른다는 생각이 든다. 지천명이라는 50을 넘겼지만, 혼자이고, 5남매 막내로 부모님을 곁에서 모시다 떠나보내고, 타국에서 병환 중인 오빠에게 남은 유일한 장손이 한국에서 자리를 잡아서, 이제는 내가 보살펴야 하는 몫이 되는 걸 보면 사주팔자에 있는 것은 어찌 못한다는 옛말도 그르진 않은 것 같다.

## 10) 오빠의 이름에 얽힌 사연[서혜숙]

우리 오빠의 이름은 주민등록상으로 서정은이다. 하지만 그 사실을 알게 된 것은 초등학교에 입학해서였다. 입학하기 전의 이름은 서정민이었다. 그때 당시에는 무슨 이유인지는 모르지만 그렇게 변경이 되어 그 이후 친구들은 오빠를 서정은, 서정민 이렇게 두 가지로 불렀고, 시골에서는 고향 어르신들이 지금도 서정민 인줄 알고 있다.

심지어 친척들도 오빠의 진짜 이름을 모른다.

하지만 오빠가 다른 고장에서 새로운 사람을 만나게 되는 시점부터는 이름 때문에 우여곡절을 겪어야 했다. 서정은 이라는 여자이름으로 말미암아 학년이 바뀔 때마다 놀림의 대상이 되었기 때문에 이름을 함부로 이야기하는 것을 두려워했다. 그런데 결정적으로 서정은 이라는 이름을 싫어하게 된 것은 대학교 때 있었던 사건 때문이다.

신입생으로 입학하고 첫 수업 시간이었다. 학과 인원이 약 100명 남짓이었는데 남자는 20~30명 정도였다. 수업을 하기에 앞서 교수님이 엄숙하게 "오늘 첫 수업이니까 출석을 불러볼게요. 손을 들어주세요."라고 했다. 처음 김 씨 성으로 시작되는 이름이 나오고 이어서 박 씨 성을 가진 학생들이 불리다가 서 씨 성을 가진 학생들이 불리는데 갑자기 교수님께서 '서정민 군'이라고 하였다. 그래서 오빠는 '내 진짜 이름이 아닌데 어떻게 알고 부르시나?' 하고 의심을 할 즈음, 수줍게 어떤 여학생이 "네에-" 하였다. 여학생을 그렇게 불렀으니 교실 이쪽저쪽에서 키득키득 웃고 웅성거리기 시작했다. 정작 그 서정민이라는 여학생은 부끄러워서 고개도 못 들고 있었다. 교수님도 얼굴이 벌겋게 되시고는 "미안합니다. 여성인 줄 몰랐네요." 하면서 바로 그다음 이름을 불렀다.

그런데 서정민 양 다음으로 나오는 이름이 오빠였는지라, 그리고 앞에서 성별 구별이 힘든 이름으로 교실 분위기가 어수선할 때 불리게 될 이름이 오빠라서 잔뜩 긴장하고 있었다. 또다시 교수님이 우렁찬 목소리로 부르셨습니다. "서정은 양!" 오빠는 앞의 여학생처럼 수줍게 손을 들면서 본인임을 밝혔습니다. 이어서 바로 교실은 뒤집어졌다. 교수님께서는 얼굴이 머리끝까지 벌게지시고는 그 뒤에 불리는 모든 이름 뒤에는 '군, 양'을 붙이지 않고 마무리하였다.

오빠는 이 사건으로 이전 학교생활도 이름 때문에 고개를 제대로 못 펴고 다녔는데 남은 긴 대학생활도 그렇겠구나 싶었지만, 오히려 그 사건 때문에 사람들과 쉽게 친해졌다고 하면서 긍정적으로 생각했다. 하지만 그 일이 있은 후 오빠는 부모님께, 앞으로 새로운 환경에 노출될 일이 더 많아질 텐데 이름 때문에 기죽지 않고 싶다며 개명 신청을 하고 싶다고 했다.

그 이야기를 듣고 아버지께서는 한참을 생각하시더니 이름이 정민이에서 정은으로 바뀌게 된 이유를 설명해 주셨다. 오빠의 이름을 정민으로 신고를 하고 난 후 1년 정도가 되어 갈 즈음, 길을 가다가 어떤 할아버지께서 '아들 이름이 안 좋아. 바꿔야 해.'라고 하셨단다. 그냥 넘겨버리려 했는데, 이상하게도 그날 밤 오빠가 죽어가는 꿈을 꾸셨다. 그래서 찜찜한 마음에 그 할아버지를 찾아서 조언을 구했더니 오빠이름을 여자이름으로 바꿔야 한다는 것이었다. 그렇지 않으면 오빠의 명이 짧아질 수 있다는 무서운 이야기를 들으신 것이다.

아버지께서는 그냥 꿈은 우연한 일치이고 이름 때문에 사람의 명이 짧아진다는 것은 믿을 수 없다며 치부하고 넘어가려고 했지만, 자꾸 마음에 걸려서 결국엔 개명 신청을 하여 가족들 몰래 바꾸신 것이었다. 아버지께서는 그 할아버지의 말씀이 사실이든 아니든 일단 안전한 쪽으로 선택하고 싶으셨던 것이다. 이 모든 말씀을 하시고는 이제는 오빠가 원하는 대로 선택하라고 하셨다. 오빠는 아버지의 말씀을 듣고 며칠을 고민하더니 개명 신청을 하지 않는 걸로 결정했다.

이 일은 내게 적잖게 충격적이었다. 물론 살면서 '이름대로 산다.' 라는 말을 많이 들었지만, 그것은 자녀에게 그만큼 좋은 이름을 지어 줘야 하며, 이름에 따라 책임감을 가지고 살아야 한다는 점을 일깨워 주기 위해 나온 말이라고만 생각했다. 하지만 아버지께서는 오빠의 이름에 얽힌 사연 때문에 개명하시고, 오빠는 자신의 이름 때문에 많은 우여곡절이 있었음에도 그것이 생명과 연관될 수 있다는 말 때문에 개명하지 않는 것을 보고 작명과 관련해서 많은 생각을 하게 되었다.

### 11) 송경열

내 이름은 송경열이다. 한자로는 宋慶烈. 성은 '송'이고 돌림자가 '경'이다. 열(烈)은 한자로 '뜨겁다, 맵다, 아름답다.' 등의 뜻이 있는데, 열(烈)의 한자가 들어가는 어휘로 열녀(烈女)는 '절개가 곧은 여자'를 일컬으며, 열일(烈日)은 '여름에 뜨겁게 내리쬐는 태양'을 일컫고, 열조(列朝)는 '커다란 공로와 업적이 있는 조상'을 일컫는다. 이렇듯 열(烈)이 지닌 뜻은 대체로 신의를 지키는 굳건한 마음이나 태도라고 할 수 있다.

내 이름에 열(烈)을 쓰게 된 데에는 사연이 있다. 어머니는 두 아들을 잃으신 후 외아들과 세 딸을 얻으시고 나를 가졌는데, 태동이나 증세가 아들을 가졌을 때와 같아 태명을 집안의 항렬인 열(烈)로 지어 부르시며 귀하게 여기셨다. 하지만 아기를 낳고 보니 딸이었다. 서운하기도 하고 그동안 불렀던 이름이 익숙해서 딸 이름의 돌림자인 경(慶)에 열(烈)을 붙여서 쓰게 되었다. 당시에는 여자 이름을 예쁘게 지어 부르던 때라 내 이름은 매우 특별하였는데 학교에 다니면서부터 친구들은 남자이름이라고 놀렸고 나도 조금 부끄러운 마음이 들었다. 하지만 어느 때부터인지 독특한 내 이름에 친구들은 부러워하기 시작하였고 나도 이름에 대한 자부심을 느끼게 되었다. 이름 때문인지 나는 '여자로서의 송경열'이 아니라 '한 사람으로서의 송경열로' 존재감을 갖고 있는 것 같다.

내 이름이 경열로 된 데에는 또 다른 사연이 있다. 아버지께서는 宋慶烈을 그대로 한글로 풀어 송경렬이라고 출생신고를 하셨고 학교에 들어가기 전에 열심히 이름을 익히게 하셨는데 초등학교 담임선생님께서 '렬'이 아니라 '열'로 써야 한다며 학생기록부의 이름까지 고쳐주셨다. 아마 당시의 한글맞춤법에 맞지 않다고 생각하신 것 같다. 지금은 오히려 이름을 알려줄 때마다 "송경, 이응 열이에요."라고 강조를 해야 한다. 이 또한 살면서 불편함을 겪는 일 중의 하나이지만 '송경렬'이라는 이름보다 '송경열'이라는 이름이 좀 더 부드러운 느낌이 들어서 좋다. 보기에도 글씨가 좀 더 예쁘게 보인다.

한자어의 '열(烈)'이 가지고 있는 뜻이 강해서 여자의 이름에는 쓰지 않는다고 하는데 부모님께서 내게 이 이름을 주신 데에는 특별한 의미가 있었을 것이다. 부모님 모두 남녀차별 없이 자녀를 키우셨고, 자녀 모두 의지가 뚜렷한 사람이 되기를 바라셨으니 그런 의미도 있으셨으리라 생각된다. 또한, 돌림자인 경(慶)과 합하여 의미를 보면 '큰 경사', '좋은 의지'라는 의미로도 풀이할 수 있어서 '사람들에게 좋은 일을 많이 하라는 뜻으로 이 이름을 주셨는가 보다'라는 생각을 하기도 한다. 부모님은 내가 이름 때문에 부담을 갖지 않기를 바라셔서 내가 이름 때문에 불편해하는 것을 보시면 오히려 '송경열!' 하며 이름 전체를 다 부르시길 즐겨 하셨다. 그것이 또한 내가 이름에 대한 애정을 갖게 한 동기가 되기도 한다.

얼마 전 첫 시집을 출간하면서 필명을 어떻게 할까 고민한 적이 있다. 친지들은 이 이름이 가장 좋다고 하였다. 이제 내 고유명사가 되어버린 '송경열'이 시대에 맞게 인정을 받는가 보다. 세상이 변한 것인지 이름이 변한 것인지 이제는 특별한 것이 아름다운 때가 되었다. 내 이름을 받아들이면서 내가 좀 더 편해진 것이 아닐까 하는 생각을 해본다.

## 4. 출생신고가 잘못 되었어요

### 1) 김계년

옛날에는 출생신고를 이장이 면사무소에 가서 많이 했다고 한다. 친구 아버지도 친구가 태어나고 한참 뒤 이장에게 출생신고를 부탁했단다. 김계희로. 그런데 이장이 아마도 이름을 잊어버린 모양이다. 그래서 비슷한 '계집 희(姬)'가 아닌 '해 년(年)'자로 바뀌었다. 그 친구는 50이 넘도록 '계년'으로 살아왔다. 학교 다닐 때도 계년아! 하고 이름을 부르면 왠지 욕하는 것 같았고 친구들로부터 놀림도 많이 받았다. 은행이나 병원 등에서,

"이름이 뭐에요?"

하고 물으면,

"김계년이요."

하고 대답할 때, 접수하는 사람이,

"뭐라고요?"

하고 다시 쳐다보며 이름 부르기를 친구보다 더 꺼렸다.

"계자 년자요?"

이렇게 한 자씩 이름을 부르는 사람도 있었다. 친구는 체격이 큰 편에 오동통 살이 쪘으며 성격 또한 무던하고 털털한 편으로 화도 잘 내지 않고 잘 웃는 성격이다. 이름을 바꾸라고 주변에서 많이 이야기 했는데 뭘 50이 넘도록 이 이름으로 아무 탈 없이 인생의 반도 넘게 살았는데 그냥 살지 뭐하러 이름을 바꾸느냐고 말한다.

그런데 딸이 시집을 가게 되었다. 청첩장에 아빠 이름은 안백수, 엄마 이름은 김계년. 아빠는 집안에서는 남자들이 단명한 집안이라고 부디 100살까지 오래오래 살라는 의미로 백수(百壽)인데 집안에서 빈둥거리는 백수(白手)로 오해하고 엄마이름은 계년이가 뭐냐고 창피하다면서 엄마 이름을 바꾸라고 성화였다. 친구는 그 이름으로도 아들딸 낳고 잘 살았는데 뭘, 이러더니 자식 이기는 부모 없다고 이름을 바꾸었다. 김선아로. 딸아이의 청첩장에 아빠이름 안백수, 엄마이름 김선아.

아직 이름 부르기는 낯설지만, 선아 친구만큼 착하고 고운 이름이라고 생각한다. 만나면 항상 재미있고 친구들에게 웃음을 주었는데 앞으로도 부디 친구가 행복하고 건강하게 지냈으면 좋겠다.

### 2) 김미례

1980년 초등학교 1학년에 갓 입학했을 때이다. 담임선생님께서 출석부에서 내가 아닌 다른 사람의 이름으로 부르셨다. 주민등록상의 이름이 집에서 부르던 이름과 달랐던 것이다. 내 이름이 이상하다며 한바탕 작은 소동을 일으킨 생각을 하면 지금도 웃음이 나온다.

집에서 가족들과 주변 사람들에게 불렸던 '김춘애(金春愛)라는 이름'이 김미례(金美禮)로 바뀐 사정은 이장님의 작은 실수에서였다. 이장님께서는 친정아버지에게[그 시대는 마을 이장님이 일괄적으로 아이들의 출생등록을 맡아 보았음.] 출생등록 부탁을 받으신 후 내 이름을 잊으셨던 모양이다. 면사무소에서 즉석에서 지어 올린 이름이 지금도 내가 소중히 생각하는 '김미례'라는 이름 석 자이다. 바뀌기 전 이름의 뜻풀이로 '봄 춘(春)'과 '사랑 애(愛)'만을 놓고 본다면, 참 고귀하고 아름다운 봄의 사랑소리이다. 하지만, 음성으로 들리는 '춘애'의 촌스러운 울림보다는 지금 이름 '미례'의 음성발음이 더 마음에 든다.

지금의 내 이름은 단점보다 장점이 많은 이름임이 틀림없다. '아름다울 미(美)'와 '예도 예(禮)'의 뜻을 봐도 '예절 있는 아름다움'은 거부감이 없는 표현이다. 남들에게는 현재, 과거, 미래에서 '미래'의 발음과 유사하게 들려서인지, 학창시절 출석을 부를 때 선생님께서 먼저 주목을 해 주셨고 20대 일본 유학시절은 어렵지 않은 발음 덕에 이름을 빨리 각인시킬 수 있는 장점이 많았다. 굳이 단점을 예로 든다면, 인터넷 이름 사주풀이에 들어가면, 별로 높은 점수를 받지 못한다는 사실이다.

바뀐 내 이름에 관한 사연이 있어서일까? 아이가 태어나고 이름을 지을 때 각별히 의미를 부여했고, 출생등록을 할 때에도 본인이 직접 글자가 틀리지 않도록 한자 한자 정성을 다해 적었던 기억이 난다.

작명소에서 지어올 수도 있었지만, 남편과 나는 아이 이름에서도 고심을 하며 시댁 집안 항렬자인 '지[誌:새기다, 명심하다]'에 맞는 이름을 찾아 '최지산(崔誌珊)으로 지어보았다. 하지만 족보상에 기재된 돌림 자(字) 지(誌)의 한자는 인명용으로 사용되지 않아 그와 비슷한 뜻을 지니며 음이 같은 '지[誌: 기록하다, 기억하다]'를 선택하였다.

2008년 1월에 아이를 낳았기 때문에, 2007년은 임신기 대부분의 시간을 차지하게 된다. 그 해에 재미있게 봤던 드라마 중에 조선 22대 왕인 정조의 삶을 그린 '이산(李祘): 정조의 다른 이름'을 꼽을 수 있다. '산'이라는 울림소리가 귀에 쏙 들어왔고 돌림자 '지'와 어울려 쉽게 발음되는 것이 느껴졌다. 한글의 모음의 제자 원리 중 'ㅏ'는 태양이 동쪽에서 떠오르는 것을 상징하는 '밝은 것'을 뜻하는 것이므로 '산'이라는 이름을 선택하게 된 배경도 있다. '산'이라는 한자는 정조 임금의 이름인 '산(祘)'을 넣어 보고 싶었으나 역시 이 자(字)도 인명용으로 쓰이고 있지 않아 '산호, 패옥소리(佩玉: 옛 임금이나 고위 관직들의 허리띠에 차는 옥소리)'의 뜻으로 알려진 '산(珊)으로 이산의 산(祘) 대신 넣을 수밖에 없었다. 뜻으로 보자면, 높을 최(崔), 기록할 지(誌), 패옥소리 산(珊)을 넣어 '청명하고 맑게 울려 퍼지도록 그 뜻을 기록하고 높게 펼쳐라'라는 의미를 부여하였다.

이 아이 이름의 장점이라면 ①한글 맞춤법과 관련하여 발음하기 편하면서 쉽게 불릴 수 있는 이름 ②한자로 된 이름인 만큼 이름에 맞는 획과 뜻의 의미에도 귀를 기울였던 점. ③이름 사주풀이에도 점수가 높을 것이 선택배경이 되었다. 그리고 단점이라면, '산(珊)'에 의미를 부여한 우리 부부의 생각과는 다르게 드라마로 유명한 '이산'

을 인용하여 즉흥적으로 지어낸 것 같이 생각하는 몇몇 지인들이 있음을 밝힌다.

### 3) 술 한 잔에 바뀐 어머니의 이름[김윤지]

우리 어머니의 성함은 '이기선'. 남들이 보기에는 그저 평범해 보이는 이름이다. 하지만 어머니께서는 이 이름을 아주 좋아하지 않으신다. 어렸을 때는 몰랐으나 왜 이 이름을 싫어하시는지 최근에 알게 되었다.

우리 어머니께서 초등학교에 입학할 당시의 일이다. 교실에서 담임선생님이 차례로 반 친구들의 이름을 하나씩 호명하였다. 그렇게 반 아이들의 이름을 다 불렀으나 유독 어머니의 이름만은 부르지 않았다. 왜 그런지 몰랐다. 그때 선생님께서 한 이름을 계속 부르셨는데 아무도 대답을 하지 않았다. 그 이름이 바로 '이기선'

담임선생님이 자기 이름을 부르지 않은 사람은 손을 들라 했고 어머니께서는 손을 드셨다. 선생님께서 '어디 어디 사는 이기선이냐?'고 되물으셨다. 어머니는 사는 곳은 맞으나 그 이름은 자신의 이름이 아니라고 대답했다. 선생님은 맞다고 했다. 그렇게 한동안 어머니는 아니라고 우기시고 선생님은 맞다고 우기셨다. 그렇게 입학식을 끝내고서 집에 돌아오신 어머니는 그제야 본인의 진짜 이름을 알게 되었다.

사연인즉 어머니께서 태어난 후, 외할아버지께서 장날에 면사무소로 가서 출생신고를 하려고 했는데, 장에서 아는 사람들을 만나 술 한 잔씩을 하게 되었다. 취기가 오를 대로 오른 그 상태로 면사무소에 들르셨다. 여기까지는 좋았으나 문제가 생겼다. 면사무소에 들어서기는 했는데 자식에게 지어줄 이름이 생각이 안 났다. 머릴 쥐어짜며 생각해 보려 해도 생각이 안 났다. 문득 외할아버지의 이종사촌 남동생의 이름이 생각났다. 에라 모르겠다 하는 마음으로 그냥 남동생의 이름을 자신의 딸 이름으로 출생신고를 해 버렸다.

하지만 집안에서는 어머니의 이름이 될 뻔한 이름인 '명해[이것도 '명회'인지 '명해'인지 잘 모름.]'로 계속 부르고, 호적의 이름은 아무도 몰랐다. 어머니가 초등학교에 입학해 드러나기까지는 말이다. 아무튼, 외할아버지의 술 한 잔으로 어머니의 이름은 이렇고 학교에 들어간 순간 드러난 새 이름으로 갑자기 바뀌어 버린 것.

어머니께서는 아직도 이 이름을 싫어하신다. 어렸을 때도 이름을 원래로 돌려놓으라 그렇게도 떼를 많이 쓰셨다 한다. 그 이름에 무슨 뜻이 있겠느냐며 그러셨다. 본래의 이름의 한자도 모르고 뜻도 모르지만, 그래도 태어나 집안에서 줄곧 불린 이름을 되찾고 싶어 하신다.

### 4) 박순미가 박순임으로

내 이름은 박순임, '순박할 순(淳)'에 '맡길 임(任)'이다. 내 나이가 올해로 39세이니, 내 세대에서도 굉장히 촌스러운 이름인 셈이다. 가끔 TV에서 같은 이름의 사람이 나올 때가 있는데, "충남 서산에 사시는 김순임 할머니" 같은 식으로, 나랑 같은 이름을 가진 분들은 대부분이 내 어머니, 할머니뻘인 분이 많다. 이름이 얼마나 중요한가? 이름에 따라 그 사람의 이미지가 달라져 보인다. 귀엽고, 이지적인 이름을 가진 사람은 또 그럴싸하게 보이는 법이다.

　학창 시절 내내, 나는 촌스러운 내 이름을 많이 부끄러워했다. 특히, 미팅이라도 할라치면, 이름 말하기가 싫어서, 이름 부분을 말할 때는 상대에게 들리지도 않을 작은 목소리로, 거기에 부정확한 발음으로 얼렁뚱땅 이름을 말하곤 했다. 그러면, 상대는 "이름이 참 예쁘시네요, 수림씨." 등등 내 세대에 걸맞을 그럴싸한 멋진 이름으로 잘못 들어주곤 했다.

　학창시절 내 꿈의 이름은 '지혜'나, '지영'이 같은 도시적이고 이지적인 이름이었다. 노트에 '박지혜', '박지영'이라고 써 보면서 내 이름을 지어 준 아버지를 원망하곤 했다.

　내 이름에 들어가는 '순'자는 돌림자다. 사실 난 여자이기 때문에 굳이 돌림자를 쓸 필요가 없었다. 위로 있는 오빠들은 모두 돌림자 '순'을 받았고, 특히 우리 넷째 오빠의 경우는 이미 사촌들을 포함, 집 안에 너무 많은 사내아이들이 태어나, 그럴싸한 글자를 전부 선점 당한 탓에, '순옥'이라는 우락부락한 외모하고는 전혀 어울리지 않는 아주 여성스러운 이름을 갖게 되는 비극을 갖게 되었다.

　내 이야기로 돌아가서, 내가 엄마 뱃속에 있을 때, 곧 태어날 나를 위해 준비된 이름은 '선미'였다. 박선미…. 큰 집의 사촌 언니들 '선자', '선심'의 '선'을 따서 지어진 이름이었다. 이 얼마나 무난하고, 귀여운 이름인가! 하지만 이 이름은 내가 태어나기 일주일 전에 옆집에서 여자애가 태어났고, 그 애 부모님께서 우연히도 많고 많은 이름 중에 하필 '선미'라는 이름을 고르게 되면서, 날아가 버렸다.

　위로 사내아이 넷 후에 처음으로 태어난 고명딸의 이름이었지만,

부모님께서는 이 건으로 그다지 깊은 고민을 하고 싶지는 않으셨던 모양이다. 오빠들 이름에 들어있는 돌림자 '순'을 '선'자 대신 넣어 '순미'라는 이름을 생각해 낸 것이다. '순미'라는 이름 역시 그다지 만족스러운 이름은 아니지만, 그래도 여자아이 이름에 자주 들어가는 '아름다울 美'자가 들어가면서, '아름답지만, 순박한 아이'로 자라주기를 바랐던 부모님의 뜻이 들어 있었다는 자의적인 해석이 가능한 나름대로 의미 있는 이름이 되었을 것이다.

하지만 당시 우리 집은 전남에서도 땅끝 해남. 읍내에 나가기 위해서는 몇 리나 가야 했고, 교통편도 좋지 않았던 그 마을에서 아이의 출생신고는 몇 달 치를 모아서 이장님이 읍내에 볼일 보러 갈 때 겸사겸사 했다고 한다. 내 출생신고 역시 그분에게 맡겼는데, 지금도 우리 집 대화에 자주 등장하는 '김홍길' 이장님이 그분이다. 이분은 평소에도 약주를 즐기셨다고 하는데, 내 출생신고를 하러 읍내에 가셨던 날도, 이장님께서는 기분 좋게 한잔하셨던 모양이다. 출생신고 종이 앞에서 그분은 우리 돌림자 '순'은 쉽게 기억해 내셨지만, 그 뒤의 '미' 자는 기억이 안 났다. 한참 기억을 더듬어 생각해 낸 이름이 '순임'이었던 것.

가끔 주위에서 자기 이름은 오행을 따져 거금을 들여 작명소에서 지어진 이름이라는 둥, 이러이러한 부모님의 소망을 담아 고심 끝에 지어진 이름이라는 등의 이야기를 들을 때마다 씁쓸해진다. 내 이름은 요약하자면, 약주 좋아하시는 마을 이장님이 술김에 지으신 이름이기 때문이다. 하지만 40년 가까이 내 좋은 사람들에게 불린 이름이라 생각하니, 이제야 조금씩 애정이 생기는 것 같다. 무엇보다 구수

한 이름에 어울리는 나이, 외모가 되어가는 듯.

### 5) 유춘미

내 생일은 양력으로 12월 31일이다. 아침에 태어났다고 한다. 그러나 주민등록증에 있는 내 생일란에는 같은 해 9월 5일로 앞당겨져 있다. 아버지께서 일일이 집안 대소사를 챙길 수 없는 직업이었기에 우리 집안의 출생이나 작명은 식견이 넓으신 오촌 당숙께서 도맡아 챙기셨다. 그래서 4형제 중에 아버지께서 직접 출생신고를 하시고 이름을 정확히(?) 지으시고 기억하는 형제는 막내뿐이다. 그러다 보니 막내만 호적상 생일이 정확하다. 우리 나머지 세 형제는 생일이 1년 혹은 2년이 늦거나 나처럼 몇 개월이 빠르거나 좀 뒤죽박죽이다.

'유춘미'라는 내 이름은 원래는 내 이름이 아니다. 어른들 말씀에 의하면 내 이름은 '유춘하'라고 했다. 실은 그 이름이 그 이름이라고 생각이 드는 게 이름에서 너무 전근대적인 느낌이 들고 촌스러워서 싫었다. 둘 중에 뭐가 더 촌스럽고 싫어? 하고 묻는다면 '유춘하'이다. 근데 그 이름은 동생이 가지고 있다. 어쩌다 내 이름이 동생이름이 되고 동생이름이 내 이름이 되었을까?

큰 무역선을 타셨던 아버지는 1년에 한 번 귀국하셔서 한 달이나 두 달 동안 가족과 지내고 다시 해외로 나가시곤 했다. 사실 1년 만에 귀국하시면 친척들, 지인들 만나시느라 늘 그 시간이 짧아 집에는 매일 늦게 들어오시고 당연히 이 집 저 집에서 대접받으시는 바람에 얼큰하게 취해 밤늦게 들어오시는 일이 많았다. 우리 형제들도 1년에 한 번 뵙는 아버지가 서먹서먹해 성장기 때는 자기 일에 바쁜 척했던 것 같다.

그런데 출생 때나 오빠가 초등학교를 들어갈 때도 안 계시던 아버지께서 어쩌다 내가 초등학교 들어갈 시점에 귀국하신 모양이다. 그동안 가장으로서 아버지로서 그 역할을 엄마나 친척분들에게 맡기셨던 아버지도 아마 학부형의 역할을 하게 되어 가슴이 뿌듯하셨던 듯 직접 큰딸인 내 손을 잡고 입학신청을 하러 동사무소에 가신 모양이다. 그런데 그것이 문제의 시작이었다.

아버지는 돌림자인 '춘'이 들어가는 우리 형제들의 이름을 헷갈리신 것. 그때는 막내가 태어나지 않아 삼남매였는데 오빠는 첫째니까 기억을 확실히 하셨을 것 같고 문제는 내 동생과 나의 이름을 헷갈려 입학서류에 바꾸어 적으신 것이다. 초등학교 들어감과 동시에 나는 갑자기 내 동생이름으로 불리게 되었고 동생은 내가 되어 버리고 말았다. 참 그때의 행정 시스템이 이해가 안 가도 한 참 안가는 대목이기도 하다. 그런 사실들도 기억이 가물가물한데 초등학교 때 엄마의 고향에 놀러 갔는데 동네에서 만난 어느 아주머니께서 내 이름을 '춘하'라고 부르시면서 반가워하셨다. 나는 형제들 중에서도 엄마랑 많이 닮아 시골에 가면 지금도 내 얼굴만 보고도 '너 누구 딸이지?' 하신다. 정말 한동안은 어른들도 헷갈리셔서 나는 '큰 춘하'라고 부르시고 동생은 '작은 춘하'라고 불리었다.

그렇게 우리들의 이름은 바뀐 이름으로 모든 것이 고착화된 채로 40년 가까이 살았다. 물론 나도 내 이름이 마음에 들지는 않았지만 나름대로 익숙해지고 불만을 품지 않는 길을 찾게 되었다. 대학 입학 때 중문학과를 들어가니 내 이름은 한자로는 '柳春美(유춘미)'라서 중국 분위기가 나서 그랬는지 면접 볼 때 교수님께서 길 잘 찾아오셨다고 말씀하셨던 기억이 난다. 중국에서 유학할 때도 한국에서와 달리 중국인들이나 외국친구들이 어느 누구 하나 촌스럽다고 하지 않고 편하게 불러 주어 나는 어느 사이 내 이름에 긍지를 가지게 되었다. '그래. 내 이름은 글로벌한 이름이야' 한국 사람들은 촌스럽다 이름이 안 어울린다 했지만 외국생활을 시작하면서부터는 전혀 의식을 하지 않게 되었다. 그 후 일본인 남편을 만나 일본에서 살 게 되어 일본이름으로도 흠잡을 데가 없었으니 더욱 그렇다.

그래서 나는 그럭저럭 내 이름에 나름대로 의미를 부여하고 살고 있었는데 얼떨결에 내 이름을 가져가 피해자가 된 동생은 그렇지 않았나 보다. '춘하'지만 사람들은 '춘화'로 발음을 해서 '춘화도(春畵圖)'라는 별명으로 불린 모양이다. 사회인이 되어도 자신의 이름을 부르기 꺼리는 사람들이 있다는 것도 알게 되고, 결혼 후 아이 엄마가 되어 직장생활을 하면서도 이름에 대해 자신감이 서지 않았는지 결국 2년 전에 개명했다. '유정민'이라는 이름으로. 동생의 말에 의하면 자신이 개명하면 천지가 개벽할 줄 알았다 한다. 그런데 온갖 서류나 카드 등을 다 개정하느라 시간과 품이 들었는데도 불구하고 이미 40년 가까이 자신을 아는 지인들은 다 여전히 옛 이름인 '춘하'로 부른다는 사실이다. 물론 의식적으로 바뀐 이름을 불러주며 마음을 쓰는 이들도 가끔 있다.

동생은 지금 바뀐 '정민'이라는 이름으로 아들과 미국에 유학을 가서 미국에서 살고 있는데 미국인들이 '정민'이라는 받침이 붙은 이름을 너무 어렵게 생각한다고 한다. 개명 전에는 외국인들을 만나도 자신의 이름을 'Chuna(추나)'하며 편하게 기억하고 불러 주었는데 아무래도 'Jengmin(정민)'이라는 이름이 영 발음하기가 어려운 모양이다. 평생의 소원이었던 이름은 바꾸었는데 지인들이 불러주지 않으니 실망에 실망을 거듭하다가 동생은 지금은 그냥 바뀐 것으로 만족하고 사는 것 같다. 최근엔 이름 얘기를 안 하는 걸 보면.

## 5. 남아선호사상 때문에 지어진 이름이에요

### 1) 우리 어머니의 이름 이둘남[채지윤]

우리 엄마는 3대 독자 집안의 둘째 딸이다. 엄마의 언니, 내 큰이모는 '해방둥이'자 집안의 첫 아이였기에 사랑을 많이 받았다. 그러나 손이 귀한 이 집안에 둘째로 태어난 우리 엄마는 집안의 온 걱정덩이였다. 종갓집에 시집을 온 외할머니는 둘째까지도 아들을 낳지 못했기 때문에 우리 엄마가 태어난 이후로 더 절실히 부처님께 치성 기자를 드리셨다고 한다.

엄마의 기억에 의하면 어릴 적 엄마의 이름은 '이미자'였다. 큰이모와 엄마의 이름은 당시 여자아이에게 많이 붙였던 '자'를 돌림자로 써서 '정자, 미자'라고 지었다.

그러던 어느 날, 동네에 탁발을 나온 한 스님이 외할머니에게, '손이 귀한 집에 시집을 와 고생이 많다.'고 하시며 외할머니의 속 이야기를 들어주셨다. 외할머니께서는 그 스님에게 아들을 얻고 싶은 간절한 마음을 전했다. 이야기를 다 들은 스님은 외할머니에게 둘째의 이름을 바꾸면 좋은 일이 생길 것이라 하셨다. 그래서 우리 엄마는 지금의 이름, '둘남'이가 되었다.

'이둘남' 손이 귀한 집안의 둘째 딸로 태어나 남동생을 얻기 위해 우리 엄마의 이름은 '둘남'이로 바뀌게 된 것이다. 그것도 그 시절 흔하지도 않았던 순수 한글 이름으로 말이다. 그런데 이상하게도 그 후로 외할머니는 줄줄이 네 명의 아들을 낳게 되고 엄마는 집안의 복덩이가 되었다.

어린 시절, 난 엄마 이름이 참 창피했다. 그때 나는 예쁜 막내 이모를 엄마라고 불렀고, 진짜 내 엄마는 '귀뚜라미'라고 불렀다. 어린 내 귀에 엄마 이름 '둘남'이는 '귀뚜라미, 귀뚜라미'라고 들렸을 뿐이었다. 그 이름이 어찌나 창피했던지.…….

"여자 이름이 둘남이가 뭐야 둘남이가! 얼마나 사랑을 받지 못했으면 이름을 그렇게 지어!"

어린 시절 나에게 엄마 이름 '둘남'인, 그냥 '귀뚜라미'이고 그 당시 유행했던 이남이의 '울고 싶어라'라는 노래를 생각나게 하는 창피한 이름이었을 뿐이다.

## 2) 정후자(鄭後子)라는 작은 시누이의 이름

내 남편은 외아들이다. 위로 누나가 두 분 계시는데 첫째 시누이의 이름은 태어난 시기에 비해 상당히 근사해서 지금도 꽤 괜찮은 이름이다. 그런데 상대적으로 작은 시누이의 이름은 너무 촌스러워서 같은 아버님이 지으신 게 맞나 의심이 갈 정도이다. 그 이름 '후자(後子)'.

시집을 와서 알게 된 사실은 그 이름 글자의 한자 그대로였다. 아들 욕심이 있던 아버님께서 연달아 딸만 낳게 되자, 안 되겠다 싶어, 작은 시누이의 동생으로 아들을 원한다는 뜻으로 후자(後子)라 지으신 것. 작은 시누는 이 이름 때문에 많은 스트레스를 받았다. 본인이 겪는 스트레스를 부모님께 호소해도 그저 어린애가 하는 투정이라고 생각하시고 별로 귀담아듣지 않으셨으며, 먹고 사는 거에 연연하시던 분들이라 개명은 꿈도 꾸지 못했다.

초등학교에 들어가면서 촌스런 이름 때문에 굉장히 스트레스를 많이 받았으며, 담임선생님이 정해져 아이들 이름을 익히기 위하여 출석을 부르면 그때마다 선생님들의 표정에 본인이 위축되는 듯한 느낌을 받았다. 나름대로 공부도 잘 한편이었지만 이름이 불릴 때마다 받는 어색함과 그저 싫다는 느낌이었다.

그렇게 별난 이름이 아닌데도 그때는 음절이나 음소 한두 개를 바꿔서 웃음거리가 되는 이름으로 부르기 좋아하던 나이였으니, 후자라는 이름은 그대로 불러도 촌스럽고 나쁘다는 별명이 따라붙어, 수업시간에 선생님께서 이름 부르는 게 두려워 발표하지 않았다. 사춘기가 되면서 이름에 대한 스트레스는 점점 더 쌓여 갔고, 이름은 발음도 느낌이 좋아야 하고 뜻도 깊고 중후해야 하는데, 딸로 태어난 시누이의 이름 따위는 중요하지 않고 오로지 남동생이 필요해서 지어진 이름이란 생각만 들어 늘 항상 개명하겠다는 생각을 떨쳐버리지 못했다.

결혼하고 아이가 학교를 들어가 가정환경조사서를 작성하면서 엄마이름을 쓸 때마다 주눅이 든 적이 한두 번이 아니었다. 하지만 개명이 지금처럼 간편하게 할 수 없는 상황에서 잘 버텨오다 최근 6개월 전에 개명하였다. 개명한 이름을 시어머니께 알려 드리고 앞으로 개명이름으로 부르시라 하니 예전 이름이 더 좋다며, 개명한 것을 못마땅해 하시더란다. 하지만 작은 시누이의 행복한 모습과 자신의 이름 석 자를 밝히는 자신감은 전에 보지 못했던 새로운 모습이다.

### 3) 한순식

요즈음에는 예쁜 이름도 참 많지만, 우리 세대, 즉 4080세대에는 그다지 예쁜 이름이 흔치 않았다. 그중에서도 나는 여자임에도 불구하고 순할 '순(順)' 자와 심을 '식(植)' 자를 써서 '순식'이라고 지어졌다. 나는 어렸을 때부터 남자 이름 같은 내 이름을 굉장히 싫어했다. 개명하고 싶었지만, 그 당시에는 그리 쉬운 일도, 흔한 일도 아니었기 때문에 개명하지 못하고 지금까지 그 이름으로 불리고 있다.

1남 6녀 중에서 다섯째 딸로 태어난 나는 남자이름 이지만 제일 위의 첫째 언니이름은 첫딸이라 그랬는지 부모님께서 '영주'라고 지어 주셨다. 그 당시에 '영자'도, '영순'이도 아닌 '영주'라니! 지금도 많이 쓰이는 이름인 만큼 세련되고 예쁜 이름이라서 나는 언니의 '영주'라는 이름이 늘 부러웠고 부모님께 내 이름은 왜 남자이름이냐고 따졌다. 하지만 부모님께서는 아들 낳기를 바라는 마음에서 남성스러운 이름을 쓰면 아들이 태어나지 않을까, 하는 기대로 둘째 자식부터는 '식(植)'자 돌림을 써서 이름을 지으셨다. 그 이후부터 우리 언니들은 현식, 연식이라는 이름이 지어졌고, 마침내 태어난 아들인 내 오빠만 '도식'이라는, 성별에 맞는 이름을 가지게 되었다. 그 이후에 태어난 언니 두 명도 연식, 근식이라는 이름이 지어졌고, 나와 내 여동생 또한 순식, 무식이라는 이름을 가지게 되었다. 내 이름은 그래도 나은 편이다.

우리 형제들 중에서 가장 눈에 띄는 이름을 꼽자면 단연 막내의 이름인 '무식'을 꼽을 것이다. 부모님께서는 건강하게 잘 자라라고 무성할 무(楙)와 심을 식(植)자를 써서 '무식'이라고 이름을 지으셨지만 뜻하지 않게 '무식(無識)'과 뜻만 다를 뿐 말이 같아 버리는 바람에 어렸을 적부터 많은 놀림을 받았었다. 동생도 나만큼이나 개명을 하고 싶었을 것이다. 그래도 순진하고 착했던 동생은 부모님께 이름을 바꿔달라고 한 번도 떼쓰지 않았었다.

나는 남성스러운 이름이라서 내 이름이 마음에 들지 않은 것도 있지만, 어렸을 적부터 받았던 수많은 놀림과 우스운 별명들이 너무 싫었다. 그 중 가장 기억에 남는 것은 친구들이 네 이름을 거꾸로 읽어 '식순이'라는 별명으로 수시로 불러댔다. 그 당시 식순이는 남의 집에서 집안일 등을 도맡아 하는 '식모'와 일맥상통하는 말이었기 때문에 내가 받았던 스트레스는 엄청났다.

대학 시절엔 이런 경우도 있었다. 여자인 내가 남자 이름을 가지고 있으니까 교수님께서 출석을 부르실 때 "한순식! 너희 집에 딸이 많지!"라고 하신 적도 있었다. 딸이 많은 것이 무슨 죄도 아닌데 나는 괜히 창피해서 얼굴이 빨개졌던 기억이 난다. 딸 여섯에 아들 하나를 낳았으니 그 옛날에 우리 엄마의 마음고생도 가히 짐작이 간다.

우리 친정조카들은 상대적으로 이름이 아주 예쁘다. 성이 '한'가이다 보니 '한마음'으로 이름을 지었다. '마음아~'하고 이름을 부를 때마다 어감도 좋고 부드러운 느낌이 들어서 부르는 사람의 마음도 흐뭇해진다. 내가 내 이름에 대한 콤플렉스 같은 것이 있어서 그런지 예쁜 이름을 보면 나이가 든 지금에도 부러운 생각이 들 때가 종종 있다.

결혼하고 아이를 낳고 나서 이름을 지을 때는 그래서 고민도 참 많이 했던 것 같다. 예전부터 이름을 잘못 지으면 팔자가 세어진다는 소리를 들은 적이 있기 때문이다. 그래서 우리 부부는 머리를 맞대고 옥편을 찾아가며 예쁜 이름을 지었는데 그것이 바로 우리 첫딸 이름인 '아영'이다. 둘째 딸은 철학관에 가서 돈을 주고 '지연'이라고 지었다. 막내아들은 집안의 돌림자를 넣어서 '호준'이라고 지었다.

한때는 TV 드라마에 나오는 예쁜 이름들이 유행할 때가 있었지만 우리는 아이들 이름을 지을 때 소신대로 부르기 좋고 뜻이 좋은 이름으로 지은 것 같아 흐뭇하다. 우리 아이들 셋 모두가 이름만큼이나 예쁘고 건강하게 잘 자라서 그야말로 세상에 이름 석 자를 남길 수 있었으면 좋겠다.

### 4) 놈새에 얽힌 사연[이은영]

내 시이모님의 이름에 얽힌 사연이다. 우리 시어머님 형제는 모두 9남매인데 지금 일곱 분만 살아 계신다. 우리 시어머님은 네 번째 되시는데 어머니 위로 이모님이 세 분이다.

시어머님의 아버지께서는 일찍 어머니를 여의고 형제분들도 모두 일제강점기 때 돌아가시고 큰집에서 아버지와 단둘이 얹혀 사셨다. 시어머님의 친정어머님도 일찍 친정아버지를 여의고 친정어머니와

단둘이 살다가 형편이 어려워 10살에 시외할아버지에게 민며느리로 시집을 오셨다. 시외할아버지는 15살, 시외할머니는 10살에 혼례를 치르셨다. 혼례를 치른 후 독립할 수 있는 형편이 되지 못하여 큰집에 얹혀 사셨다. 시외할머니는 시아버지의 시집살이보다 큰집의 동서 시집살이가 더 매우셨다고 하신다.

시외할머니는 첫딸을 낳으시고 내리 연달아 딸만 셋을 낳으셨다. 큰집 동서는 아들을 못 낳는다고 구박하다가 셋째 이모님 이름을 '놈새'라고 지으셨다. '놈새'는 다음번에는 남동생을 보라는 의미로, 남자를 뜻하는 '놈'과 형과 동생의 사이인 '새'의 뜻을 지니고 있는 이름이다.

이모님 아래로 저희 어머님인 딸이 태어났고 넷째딸 이후로 드디어 이름값을 하듯 남동생 셋이 연달아 태어났다. 이모님은 '놈새'라는 이름 때문에 얻은 것도 많고 잃은 것도 많다고 한다. 누구든지 이모님 이름을 한번 들으신 분들은 결코 잊지를 않으셨다고 한다. 일제강점기 말에는 '놈새'라는 이름 덕분에, 면사무소에서 남자로 잘못 알고 정신대로 끌고 가지 않으셨는데, 동네 사람의 신고로 정신대로 차출될 위기에 처하자, 시외할아버지께서 서둘러 다른 마을 총각과 혼인을 시키셨다. 그때 이모님의 나이가 겨우 15살이었다. 서둘러서 한 결혼생활은 행복하지 못하였고, 가정을 돌보지 않는 이모부님을 대신해서 가장의 역할까지 하셔야 했다. 이모님은 '놈새'라는 이름 때문에 남자 몫까지 해야 하는 팔자라고 말씀하신다.

## 5) 이모의 이름 용남[양혜원]

우리 어머니는 딸만 5형제인 집안의 4녀로 태어나셨다. 1933년생이신 어머니는 형제끼리의 터울이 2살 3살로 모두 고만고만한 형제로 성장하셨다. 외조부께서는 첫째 이모를 용옥, 둘째는 용자, 셋째는 용순 넷째인 저희 엄마는 용숙으로 지으셨다. 넷째까지 딸을 낳으신 저희 외할머니께서는 외할아버지께 볼 면목도 없으시고, 또 아들을 낳고 싶은 열망에 주위에서 들었던 마지막 비책을 쓰기로 하셨다. 드디어 다섯째 아이를 임신하게 되신 외할머니께서는 태어나지도 않은 아이의 이름을 미리 지어 놓은 신 것. 墉(담 용) 男(사내 남) '용남'이라고 지으셨다. 산달이 차서 아이를 낳고 보니 또 딸.

그렇게 해서 용남이란 사내아이의 이름으로 살아가게 된 막내 이모께서는 사범학교를 졸업하시고 초등학교 교사를 오랫동안 하셨다. 외모가 아주 예쁘신 무용전담교사로 활동한 이모는 교사생활을 하면서 이름 때문에 겪게 된 우스운 일화도 많았다. 학교에서 무용제에 출전하기 위해 지도 선생님의 명단을 적어서 올리면 주최 측에서 이름 때문에 몇 번이나 다시 확인을 하지 않나, 다른 학교로 전근을 가게 되어서 미리 명단이 통보되면 새로 부임할 학교 선생님들 특히 여선생님들이 젊은 남선생님이 새로 부임해 온다고 무척 가슴 설레 하면서 기다리다가 저희 이모가 떡 모습을 나타내면 다 실망했다고 한다. 또 학교에 찾아오신 적이 없으신 학부모들께서도 선생님의 이름만 듣고서 남자인 줄 알고 오해하신 적도 있다고 한다.

결혼할 때는 우리 이모부 성함이 여자 이름과 비슷해서, 주례 선생님께서 신랑 신부 이름을 바꾸어 부르기도 했다고 한다. 지금은 70대

초반의 나이가 되신 예쁜 저희 막내 이모는 제가 생각해도 이름과 외모가 가장 일치하지 않는 사람 중 한분이 아닐까 한다.

### 6) 우리 고모의 이름 말순(末順)[김희영]

"끝순아 밥하고, 말순이는 군불 지피고, 끝분이는 동생들 돌보고, 말분이는 아랫집 심부름 다녀 오그라."

숨을 고르기가 무섭게, 할머니는 딸들에게 하루도 거르지 않고 바지런하게도 일을 맡기신다. 10남매를 낳으시고 기르신 우리 할머니는 아들 둘에 딸 여덟을 낳으셨다. 작은 체구에 걸맞지 않게 대쪽 같은 음성으로 10남매를 낳고 기르고, 장성한 열 명의 자식을 출가시켰으니, 최근 둘을 낳고도 쩔쩔매는 나를 보시면 혀를 끌끌 차시리라 본다.

경상도 남존여비 사상이 깊게 어깨를 짓누르던 1930년대에 자식을 낳고 기르던 우리 할머니에게 여덟의 딸은 너무 큰 벌과도 같았으리라 미루어 짐작이 간다. 열여섯에 우리 할아버지와 혼례하고 그다음다음 해에 첫아들을 낳고 그렇게 2년 터울로 딸을 넷을 낳아 시어머니에게 모진 구박을 받았다고 한다. 그리고 우리 아버지를 낳고 또 순서대로 딸을 넷을 더 낳아 열을 꼭 채웠으니, 우리 할머니 참 대단하시다.

지금 같으면 국가에서 나서서라도 보조할법한데 우리 할머니는 토 달지 않으시고 그렇게 또 낳으시고 딸을 낳을 때마다 시어머니가 머리에 혹이 날 만큼 쿡 쥐어박고 밭일 나가라고 하셨다고 한다. 참 듣기만 해도 우린 마음이 아파지는데, 우리 할머니는 그런 시어머니를 미워하지 않고, 모진 시집살이를 잊어버린 것처럼, 훗날 노환으로 누워 계셨을 때 우리 할머니는 한결같이 부처님 반 토막 같은 마음 아닌 온 토막 같은 마음으로 수발하셨다고 한다.

우리 할머니의 첫아들 이름은 돌림자로 시부모님이 지어주셨는데, 그다음 딸을 낳아도 지어 주시더니, 다섯째 고모부터는 할머니보고 알아서 지으라고 하셨단다.

딸을 낳고 몸조리도 제대로 못 하고 밭일을 가는 할머니로서는 딸을 낳아 속상한 마음이 컸나 보다. 결국, 다섯째 고모의 이름은 말순이로 낙점을 받았다.

교육의 혜택을 받지 못한 우리 할머니에게도 끝 말(末)자가 와 닿으신 이유는 긴말이 필요 없는 것이다. 하지만 그 후 할머니는 딸들을 더 낳았고 계속해서 '말'자가 들어가는 이름이 붙여졌다. 고모들의 이름에 '말'자가 들어간 연유를 들을 때마다 애잔한 마음이다.

### 7) 꼭지라는 이름[김희숙]

내 이름은 김희숙. 우리는 3남매인데 언니 이름은 김희정, 남동생은 김영수이다. 3남매 중에서 나만 애칭이 있다. 꼭지, 김꼭지가 그것이다. 지금은 그리운 정이 느껴지는 애칭으로 불리고 있지만 어렸을 때는 참 놀림을 많이 당했다. 울고 있으면 '수도꼭지가 운다.' 하고, 김치를 먹고 있으면 '꼭지가 배추 꼭지 먹나?' 등등 좋은 놀림거리였다. 그 당시에는 이 이름이 너무 싫어서 무서운 아버지에게는 아무 말도 못하고, 어머니에게 왜 이런 이름을 지었느냐고 많이 따지곤 했다.

한국인의 이름이야기

나는 경북 의성군 안평면 신안3리라는 정말 시골 골짜기에서 태어났다. 지금은 마을 옆 산이 뚫려 읍내로 가는 길이 생겼지만, 내 어렸을 때에는 하루에 버스가 네 번만 들어오고 막차는 나가지 않고 동네 집에서 자고 아침에 출발하는 곳이었다. 마을에 가게 하나 없는 소위 깡촌이었다.

아버지는 장손 집안의 장남으로서 신안 3리에는 경주 김가가 대대로 내려온 동네였다. 마을 대부분은 친척들이라 어느 집에 숟가락이 몇 개 있는지 알 정도였다. 아버지는 장손이니 마을의 기대를 한몸에 받았다.

어머니는 아버지와 결혼하여 언니를 낳았다. 언니는 장녀이니 '맏딸은 살림 밑천'이라는 말처럼 모든 이들의 사랑과 축복을 받았다. 우리 할머니도 매우 좋아하셨다. 문제는 나였다. 어머니는 할머니가 너무나 엄격하여 '둘째는 꼭 아들을 낳아야 할 텐데' 생각했는데 또 딸이 태어났다. 집에서 출산하였는데 방 밖에서는 마을 어른들이 모여 기다리고 있었다. 내가 태어나자마자 어머니는 생사를 넘나들고 있는데 어른들은 매몰차게 한마디씩 던졌다. "가시나가 마이도 들었다[여자아이가 많이도 들었다].", "가시나가 집안 망쳐 먹겠다.", "뭐 할라고 기다렸노. 시간 낭비였데이." 등등……. 비난의 말들이 빗발쳤다.

그리고 나서, 내 유년기를 우울하게 만들었던 이름이 등장을 하였다. 어머니 말씀으로는, 당숙 할머니가 "그 가시나는 꼭지라 캐라. 그래야 아들 본데이." 이러면서 가셨다고 한다. 그래서 그날로 나는 예쁜 이름이 지어지기 전에 꼭지가 되었다. 할머니는 아예 나를 쳐다보지도 않았단다. 남동생이 태어나는 2년 후까지 한 번도 살갑게 안

아주거나 예뻐해 준 적이 없어 어머니는 남몰래 눈물을 훔쳤다고 한다. 스트레스로 젖도 나오지 않아 잘 못 먹은 나는 다른 형제들보다 몸집도 작은 아이가 되었다.

2년 후 다행히 남동생이 태어났다. 어머니는 출산 때 또 딸을 낳을까 봐 긴장한 나머지 하나도 아프지 않았다고 한다. 다행히 아들을 낳고 나서야 어머니는 맏며느리 대접을 제대로 받기 시작했다고 한다. 그리고 나도 처음으로 안아주시고 예뻐해 주셨다고 한다.

내 이름이 꼭지여서 아들을 낳은 거라고 마을 사람들은 생각했다. 그래서 우리 동네에는 내 이후로 꼭지가 3명이나 있었다. 우리 동네는 35호밖에 없는 작은 마을이었으니 비율이 아주 높았다. 바로 옆집에 정꼭지가 있었다. 정꼭지는 나보다 생일이 늦은 동갑내기 친구였다. 그리고 버스정류장 근처에는 전꼭지가 있었다. 전꼭지는 나보다 훨씬 어렸다. 그리고 세 살 어린 내 사촌 동생은 대구에 살아 대구꼭지였다. 내가 태어난 1978년 이후 내 주위는 꼭지 붐이었다고 볼 수 있다. 그런데 참 신기한 것은 이 모두가 셋째는 아들을 낳았다는 것이다. 정말 효력이 있나 보다.

## 8) 김경오

내 이름은 '김경오(金慶五). 처음 내 이름을 듣는 분들은 당연히 남자 이름일 것으로 생각하지만, 나는 여자다.

우리 아버지는 할머니께서 19세일 때 유복자로 태어나셨다. 그것도 독자이기에 저희 집에서는 대를 이을 아들에 대한 바람이 아주 컸다. 내 위로는 연년생인 언니가 있고, 내 밑으로도 연년생인 남동생이 있다. 그리고 그 밑으로 남동생과 다섯 살 터울인 막내 여동생이 있다. 흔히들 말하는 딸 부자인 셈이다.

우리 언니가 태어났을 때는 아들이 아니라 조금 서운은 했지만, 첫 아이라 무척이나 좋아들 하셨다고 한다. 그래서 이름도 '빛날 경(炅)', '아리따울 아(婀)'라는 한자를 써서 아주 예쁘게 지어 주셨다. 하지만 내가 태어났을 때는 또 딸이라는 실망감이 아주 컸다. 아들에 대한 기대감이 첫 딸로 말미암아 더 큰 데 따라 실망도 컸던 게다. 그 때문에 내 이름은 '경사 경(慶)'에 '다섯 오(五)'를 쓰는 남성스러운 이름이 되어버렸다.

내 이름이 이렇게 된 데에는 사연이 있다. 처음 아버지께서 지으신 이름은 언니와 같은 '빛날 경(炅)'에 '착할 선(善)'을 썼다고 한다. 그런데 당시는 이름을 올릴 때 호적지에서 올려야 했는지, 아버지의 고향인 충청북도 보은군 마로면에 사시는 큰할아버지께서 올리셨다고 한다. 아버지가 지어 보내신 이름은 분명히 '경선(炅善)'이었는데, 나중에 호적을 떼어 보니 '경오(慶五)'로 되어 있었다는 것이다. 아버지 말씀으로는 여자의 이름에는 '慶(경사 경)'이라는 한자는 잘 안 쓰는데 여자아이의 이름에 '慶(경사 경)'자를 붙인 게 불만이셨지만, 어른이 하신 일이라 불평도 할 수 없었다고 한다.

하지만 내게 더 큰 충격이었던 것은 '慶(경사 경)'이라는 한자보다 '五(다섯 오)'라는 한자였다. 도대체 무슨 이유로 다섯이라는 숫자를 이름에 넣으신 걸까? 무척 궁금했다. 다섯 번의 경사? 경사가 다섯? 무슨 뜻인지 아무리 생각해도 알 수가 없었다. 그런데 그것은 아무 뜻도 없이 그냥 남자 이름으로 만들기 위해 적당히 넣은 한자라는 것이었다. 정말 충격이었다. 내 다음으로 남자아이가 태어나기 위해서는 내 이름을 무조건 남자 이름으로 지어야 했다는 것이다.

내 이름 덕인지 어떤지는 증명할 길이 없지만, 내 밑으로 남동생이 태어났다. 내가 희생의 제물이 된 셈이다. 하지만 지금도 이해할 수 없는 것은 남동생이 태어나고 나서도 나는 초등학교에 입학할 때까지 남자아이처럼 머리를 깎고 남자 아이의 옷을 입었었다는 것이다. 우리 부모님은 왜 그렇게 하게 하셨을까?

아무튼, 내 이름 덕에 남자 아이로 태어난 남동생의 이름은 집안 돌림자인 '湜(물 맑을 식)'자를 받아 '대식(大湜)'이가 되었다. 그리고 여동생은 언니와 같은 '熲(빛날 경)'을 써서 '경은(熲銀)'이가 되었다. 누가 내게 이름에 대한 불만이 많으냐고 물어본다면, 이렇게 대답하겠다.

"아닙니다. 나는 내 이름에 아주 만족합니다. 물론 어렸을 적엔 창피하기도 하고 무척 불만스러웠습니다. 하지만 나이가 들어가면서 다른 사람들이 가지지 않은 개성이라는 생각이 들었습니다. 그래서 자부심을 갖게 되었습니다. 그것보다 일본에 와서 알게 된 사실 때문에 더 자부심을 가지게 되었습니다. 일본에서는 慶(경사 경)이라는 한자를 쓴 이름은 아주 귀하게 느껴집니다. 물론 일본에서도 慶五(케이고)는 남자 이름입니다. 하지만 제가 알고 있는 일본 사람들은 다들 내 이름을 부러워한답니다."

## 9) 웃기는 돌(funnystone)[김흥석]

내 이름은 김흥석. 한자로 하자면 金興碩이다. 하지만 나는 여자다.

한국인의 이름이야기

우리 집안에는 딸이 셋, 그리고 아들 하나. 남아선호 사상이 아직도 남아있을 무렵 내가 셋째딸로 태어났다. 이미 두 딸을 두고 계셨던 엄마 뱃속에 있을 때부터 남자아이일 거라는 기대와 확신을 했던 부모님의 기대 속에서 내 이름은 홍석이란 남자이름으로 미리 지어졌다.

하지만 태어난 아이는 바로 딸인 나 김홍석이었다. 이름을 여자아이 이름으로 바꿀 수도 있었지만 여자아이 이름을 남자로 지으면 그 다음에 태어나는 아이는 아들일 거라는 속신을 믿고 계셨던 부모님은 그대로 홍석으로 지으셨다.

그 속신이 정말 맞는 것이었을까? 4년 후 태어난 내 동생은 남자아이였다. 동생이 남자로 태어난 건 어느 정도 내 도움이 아니었을까 생각한 적도 있다.

남자이름을 가진 여자아이로 살기가 그다지 어려운 것은 아니었다. 다만 친구들이 종종 그 부모님에게 남자친구 사귀느냐는 오해를 사는 일이 있었던 게 내게는 큰일이었다. 특히 중학교나 고등학교 때 남자친구를 사귀는 것이 허락되지 않았던 때에, 친구의 수첩에 적힌 김홍석이라는 이름은 부모님들의 오해를 사는 경우가 많았다. 그때마다 나는 학생증을 가지고 친구의 집을 찾아가서 오해를 풀어드리곤 했다. 특이한 남자이름을 가진 덕분에 친구의 부모님과 빨리 인사하게 되고 인정받게 되는 계기가 되었다.

홍석이라는 이름으로 가장 많이 웃음과 오해를 받았던 때는 가수 김흥국이 〈호랑나비〉라는 노래로 인기를 끌 때였다. 그동안 특별한 별명이 없이 조용히 지냈던 나는 단지 이름이 가수 김흥국과 비슷하다는 이유로 친구들과 다른 사람들에게 종종 김흥국이라 불리기도 했다. 친구들은 농담과 장난이었고 나를 처음 본 사람들은 내 이름을 진짜 김흥국으로 기억하기도 했다. 하지만 이런 해프닝은 가수 김흥국 씨의 인기가 수그러들면서 일단락되었다.

홍석이란 이름이 결코 창피하거나 싫거나 한 적은 없었다. 하지만 나도 다른 여자아이들처럼 예쁜 이름을 갖고 싶었던 것은 사실이다. 그래서 호주에서 유학하던 때는 영어 닉네임을 여자 이름으로 꼭 갖고 싶어 영어 닉네임을 Christina라고 만들기도 했다.

또 한 가지, 이름에 얽힌 영어 닉네임 에피소드가 있다. 아는 언니가 영어 공부를 처음 시작하고 열심히 공부하던 중이었다. 그 언니가 나한테 내 이름의 한자 뜻을 물어보는 것이었다. 그러면서 "네 이름을 영어로 직역하면 Funny stone이야?" 이러는 것이었다. '석'을 '돌 석(石)'으로 해석하여 '웃긴 돌'로 그렇게 닉네임을 지어 주었던 것이다. 비록 나는 '돌 석' 자가 아닌 '클 석(碩)' 자를 쓰고 있지만, 재미있는 해석이라. 이것을 내 닉네임으로 쓰기로 했다. 그래서 늘 나는 Funny stone. 이왕이면 '슬픈 돌'이나 '나쁜 돌' 이런 이름들보다는 '웃기는 돌'이 더 즐거운 기분을 가질 수 있어 좋다. 친구들이나 지인들에게 내 닉네임을 알려주면 다들 잊어버리지 않겠다면서 시원하게 웃어주곤 한다. 그 한 예로, 내가 응원하고 좋아하는 뮤지컬 배우에게 내 닉네임과 이름의 연계성을 얘기해 주니 그다음부터 내 이름과 닉네임을 기억해 주는 좋은 경우도 있었다.

회사 생활을 시작하고서는 거래처에서 내 이름만 듣고 찾아올 때 절대로 나한테 오는 경우가 없었다. 대부분의 사람이 남자일 거라 생각하고 남자 직원들한테 가서 나를 찾고 또 "제가 김흥석입니다."라고 해도 정말인지 되묻는 경우도 많다. 하지만 처음 만나는 거래처 사람들이나 손님들에게 내 이름의 유래에 대해 말해 주면 첫 만남에서의 어색함을 한 방에 날려 버릴 수 있는 좋은 이름이 되기도 한다.

### 10) 차남(次男)과 남억(南憶)

내게는 언니가 셋, 그리고 남동생 둘이 있다. 딸만 넷을 낳고 아들을 둘 낳은 것이다. 우리 집 딸들에게는 모두 아명이 있다. 내 이름은 김정임이지만 집에서 부르는 아명은 "남한(男韓)"이다. 큰언니는 남윤(男潤), 둘째 언니는 남회(男懷), 셋째 언니는 남억(男憶)이다. 원래 우리 자매의 이름은 정숙(貞淑), 정순(貞順), 남억(男憶), 정임(貞任)이다.

본 이름이 있는데도 따로 아명이 있는 데는 이유가 있다. 내리 딸만 넷을 낳고 나서, 주역점 보는 분의 말이, '남(男)'자 들어간 이름을 아명으로 지어 그 이름을 100번 이상만 불러주면 효과가 있을 것이라고 했단다. 그 말대로 호적은 정정하지 않은 채 아명을 따로 지어 불렀다고 한다.

딸들의 이름이 모두 '정(貞)'자 돌림인데 유독 셋째 언니만 아명 그대로 남억이다. 셋째 언니의 이름이 다른 자매들과 다르게 "남억"으로 남게 된 데도 사연이 있다. 원래 셋째 언니는 아명 이전의 이름도 '차남(次男)'이었다. 대를 이어야 할 장손 집에서 계속 딸만 낳다 보니까 다음은 아들을 낳으라고 돌림자를 무시하고 그렇게 지었다. 그래서 산골에서 초등학교에 다닐 때만 해도 '김차남'으로 불렸다. 그런데 그 당시만 해도 서류 처리가 미흡했던 때라 아버지가 출생 신고를 했는데도 누락이 되어, 나중에 중학교 갈 때 서류를 내려고 보니 출생 신고가 되어 있지 않았다고 한다. 그래서 아버지가 법원에 가서 벌금 7만 원을 내고 호적에 올리며 그냥 '김남억'으로 올리게 되었다.

'사내 남(男)' 자에 '기억할 억(憶)'. 사내를 기억한다는 뜻이라서 중학교 다닐 때 친구들로부터 놀림도 많이 받았다. 그래서 언니는 학교 다닐 때는 차라리 옛날 이름인 '차남'이였으면 좋겠다고도 하였다. 하지만 성인이 되어서 개명하라고 하자, 여자 이름으로서는 매우 특이하고 동명이인이 거의 없어 남들이 기억도 잘하고 매우 좋다고 흡족해하여 지금도 그냥 '남억'이란 이름을 쓰고 있다.

어머니 칠순 잔치 때 자녀들 이름을 쓸 때, 딸들 이름이 '정' 자 돌림으로 가다가 갑자기 '남억'이가 나오자, 모르는 사람은 이복자매 아닌가 의심하기도 했다. 하지만 우리 집안의 지인들은 오히려 우리의 이름을 남희, 남한으로 불러왔기에, 오히려 정순, 정임이란 이름을 낯설어했다. 아직도 시골 어른들을 만나면 우리 집을 '남한이네'로 부른다. 우리 집이 그곳으로 이사 가서 얼마 지나지 않아 나를 낳았고, 또 내가 남동생을 봐서 복덩이라고 하여, 동네 사람들을 언니들이 있어도 우리 집을 부를 때는 꼭 내 아명을 따서 '남한이네'로 부른다.

나도 우리 가족이 나를 부를 때는 '남한'이라고 불러주는 게 더 친숙하고 좋다. 가끔 공적인 자리에서 언니들이 나를 '정임'이라 부르면 어색하다. 내 남동생들은 누나들의 이름이 두 개인 걸 신기해한다. 그리고 집에서 부르는 이름과 학교에서 부르는 이름이 따로 있는 것을 이해하지 못한다. 어렸을 땐 나도 다른 친구들과 달리 나만 이름

한국인의 이름이야기

이 두 개인 것이 창피하기도 했다. 하지만 이제는 가족 안에서는 나를 '남한'이라고 불러주는 게 편하고 좋다. 그 이름이 설령 남아선호 사상에서 기인하였다 하더라도 오랫동안 내 귀에 익고 정감이 가는 이름이기 때문이다.

학교에서나 사회에서는 '김정임'으로 불리고 있어, 내 또래이거나 내 또래보다 아랫사람들은 나를 모두 '김정임'으로 알고 있다. 하지만 내 연상의 분들은 내가 '김정임'인 것을 잘 모른다. 왜냐하면, 어렸을 때 모두 나를 '남한'이라 불렀기 때문이다. 가끔 어르신들이 나를 '남한'이라 불러주면 반갑고 고맙다. 언니도 다른 사람들이 언니의 이름을 불러주는 것이 좋다고 한다. 독특한 개성이 있고 우여곡절 끝에 언니의 이름으로 자리매김하였기 때문일 것이다.

## 6. 기타 사연

### 1) 내 이름은 끝순이

어릴 적 내 이름은 끝순이였다. 위로 딸 넷을 낳고 아들 하나, 그다음 또 아들을 기대하셔서 낳았는데 딸이었고 더 이상 아들욕심 없이 끝내겠다고 해서 이름을 끝순이라고 지으셨다. 초등학교 들어갈 때까지 난 내 이름이 끝순이인 줄 알았다.

지금 내 나이 마흔일곱. 내 아버지는 지금의 내 나이가 되기 전에 돌아가셨다. 어릴 적 아버지에게서 들었던 당신에 대한 이야기를 기억해 낼 때마다 가슴이 먹먹하다.

아버지는 1930년대 가난한 집 둘째 아들로 태어났다. 초등학교는

1년 중 몇 달 다니다가 그 다음 해 1년은 집에서 일을 돕기를 반복, 초등학교 졸업식에 갔는데 여자 담임선생님이셨고 졸업식장에서 아버지를 따로 불러서 두툼한 책 한 권을 건넸다.

"광열아. 이건 선생님께서 네게 주는 국어사전이다. 넌 꼭 중학교에 진학해야 한다. 너같이 머리가 좋은 아이를 난 본 적이 없다."

초등학교 졸업 후 염전에서 일하셨다. 점심으로 도시락을 가지고 다녔는데 반찬을 가져갈 형편이 안 되어 꽁보리밥만 싸가서 먹어야 했다. 다른 사람들은 가져온 반찬으로 창고 옆에서 빙 둘러앉아 점심을 먹는데, 밥만 가져온 게 창피해 창고 뒤편에서 혼자 밥에 소금을 넣어 반찬 대신으로 먹었다.

결혼하여 낳은 게 딸 넷 아들 하나 그리고 나. 아들을 원했던 아버지는 더 이상 자식을 낳아 기르기에 벅찬 걸 아셨고, 그만 낳겠다는 의미로 이름을 끝순이라고 지으셨다. 교육이라고는 초등학교가 전부셨지만, 한자를 혼자 깨치셨고 바다를 막아 논을 만드는 개간사업에 젊은 생을 보내셨다. 개간사업 동안 난 포클레인을 타며 놀았고 그런 아버지의 노력 덕분에 배고픔 모르고 어린 시절을 지냈다. 아버지는 집게발가락 놀이를 좋아해서 여린 내 팔과 종아리를 꼬집으면서 '우리 애기 끝순이'를 연달아 부르곤 하셨다. 그리고 어쩌면 내 평생 기억 속에 남아있는 말. "우리 끝순이는 공부 잘하면 아버지가 유학 보내줄 거다"

난 남자는 모두 아버지와 같은 줄 알았다. 농사꾼의 표본. 비가 오면 물꼬 트러, 가뭄이 들면 물 대기 위해 새벽을 가르시던 분. 목덜미를 중심으로 햇빛으로 붉다 못해 검게 변한 얼굴 부분과 누런 러닝셔

츠 밑으로는 하얀 속살을 갖고 계셨던 분. 난 남자면 모두 자식만을 위해 헌신하는 존재로만 알았다.

결혼하여 아이 둘을 낳고 난 죽을 만큼 좌절했다. 도박 빼고는 이혼의 조건을 골고루 갖춘 남편을 보면서 살아도 사는 게 아니었다. 무책임, 무능력, 술주정, 술 폭력, 의처증 그리고 마지막 비열함까지 갖춘 남편으로부터 학대와 경제적 착취를 고스란히 당해내야만 했다. 이혼한 지 7년이 된 지금도 난 그 고통을 잊지 못한다. 월급의 일정 부분을 아직도 전남편이 남겨놓은 빚을 갚고 있으니 말이다. 큰아이가 대학교 2학년, 작은 아이가 고등학교 2학년. 그런 아버지를 만들어준 난 아이들에게 죄인이었다.

전남편의 정신적 육체적 학대와 경제적 착취 속에서 어떻게 무슨 힘으로 살아내었고 지금도 버티고 있을까? 그건 내 아버지다. 그분을 생각하면 나는 당연히 무엇이든 해야 하고 또 잘해내야 한다는 생각이 자리 잡고 있다.

"우리 끝순이는 공부 잘하면 아버지가 유학 보내줄 거다"는 그 말을 실현하기라도 하듯 난 아이들이 초등학교 5학년이 되자마자 조기 유학을 보냈고 나쁜 가정환경에서 벗어나도록 했다. 아이들은 정말 고맙게도 잘 자라고 있고 나에게서 들은 외할아버지에 대한 기억으로 행복해한다. 지금도 아이들에게 자신 있게 말한다. 엄마로부터 성실함과 책임감을 고스란히 물려받으라고.

사실 아이들에게 줄건 아무것도 없으며 있다 해도 그러고 싶지 않다. 사회인으로 인정받고 자립할 수 있도록 대학교까지 교육을 마쳐주는 것까지만 엄마의 의무라고 생각하며 아이들에게 그렇게 가르쳤다. 다만 내 아버지로부터 물려받은 성실함과 책임감은 돈으로 환산할 수 없는 소중한 가치라고 가르치며 나 자신도 굳게 믿고 있다. 내 아버지의 모습을 지금의 내가 기억하듯, 내 아이들이 나를 그렇게 기억해주길 바란다.

누군가 말했다. '역경이 없었다면 지금의 성공이 없었다.' 어쩌면 진부한 그 말이 내게는 진리와 같다. 그 힘은 끝순이라고 이름 지으면서 팍팍한 세월을 오직 자식사랑으로 사셨던 내 아버지. 겨우 40년을 사실 거면서 허리 한번 펴보지 못한 농사꾼 아버지는 언제나 그리움이며 가슴 아픈 상처다.

### 2) 호적부에 비친 우리나라 여자이름들

지방에서 공직 생활을 28년 넘게 하고 있는 내 경력에는 면사무소 호적계장 10년이 포함된다. 호적계장을 10년 하는 동안, 업무상 1910년부터 생긴 호적부와 제적부 수백 권을 섭렵하고, 심지어는 조선 말기의 민적부도 살펴볼 수 있었다. 따라서 우리나라 1800년대 말부터 2000년대 초의 이름은 두루 다 보게 되었다.

남자의 이름은 지금이나 예나 크게 다를 것이 없는데, 여성의 이름은 변화가 매우 컸다.

1910년경에 여자의 이름은 딱히 있는 것이 아니라 그저 성에 씨(氏)를 붙여 '김씨', '이씨', '장씨' 등으로 기록되고, 그 후로는 '아지', '아기', '자근애기', '애기', '어년', '언년'이란 이름이 일반적이었다. 심지어 발음하면 강아지, 송아지, 박아지 등의 이름이 적지 않았다. 80이 넘은 할머니가 오셔서 "할머니 성함이 뭐예요?" 하면 "애기. 난

김애기야." 하시면 재미있다.

　일제시대 이후에는 '영자', '순자', '애자' 등 '자'자 들어가는 이름이 지어지다가, 그 후 '순덕', '효순', '정숙', '숙희', '순희' 등 희(姬)자와 숙(淑)자 이름이 많아졌다. 아들 형제 생기라고 '필남', '오남'이라는 이름도 많다. 여자인데 남자 이름 같은 이름은 거의 다 남자 동생 보라고 지어진 이름이다.

　80년대 후반에는 한글이름으로 '샛별' '나래' '새봄' 등의 이름이 성행하다가 80년대 말에는 남녀 모두 빈(彬)자 이름을 사용하여 남녀 구분이 모호하게 지었다. 남녀평등 혹은 양성평등사회로 바뀐 세상을 반영하는 현상이라 하겠다.

　90년대에는 잘 나가는 드라마의 여주인공 이름이나 인기 여배우의 이름이 많이 신고되었다. 어떤 부모님은 이름을 못 지어내게 부탁하는 사람도 있어, 나는 내가 공부한 주역의 원리로 출생자의 사주를 보고 오행에 부족한 것을 더하여 가능한 항렬에 맞추어 지어주곤 했다.

　2002년 월드컵 때에 온 대한민국이 '대~한민국! 짝! 짝! 짝! 짝!'하던 시절 태어난 애들 중에는 유명 축구선수 이름을 따서 이름을 짓기도 하였다. 내가 접수한 출생신고서 가운데 기억에 남는 이름은 '남일'이란 이름이다.

### 3) 박진화와 박영미

　나는 2남 1녀의 막내로 태어났다. 나이가 다섯 살과 일곱 살 위인 두 오빠가 있었기 때문에 딸이 태어난 것을 집안의 큰 경사로 생각할

만큼 아버지께서 특히 좋아하셨다고 한다. 그래서 아버지께서 '뛰어나고 아름다워라'는 뜻에서 '영(英: 꽃 뿌리, 뛰어날), 미(美: 아름다울)'라는 아름다운 이름을 지으셨다고 한다. 아버지께서 고심하며 손수 지은 이름임을 지금도 어머니는 늘 강조하신다.

그 뒤 아버지와 어머니께서 시골에서 산에 등산하러 가시다가 수염이 긴 도사 같은 분을 만나셨다. 그분이 사주팔자를 잘 보신다고 하셔서 자식 삼 형제를 모두 넣어보니 이름이 모두 잘못됐다고 했단다. 그래서 그 자리에서 큰오빠, 작은 오빠, 그리고 나까지 모두 이름을 하나씩 더 짓게 되었단다. 이왕 이름이 올라가 있으니 고치지 말고 새로운 이름을 집에서 자꾸 불러주라는 것이었다. 그래서 다시 이름이 지어진 것이 '진(珍: 보배:), 화(華: 빛날)'였다.

옛날 이름을 지어주신 종이는 지금도 간직하고 있으나 한자만 단 두자 쓰여 있기 때문에 그것이 의미하는 것은 정확히 모르겠다. 단지 너무도 일찍 돌아가셨기에 아버님의 말씀은 지금 들을 수가 없고 어머니의 말씀만 듣고 자랐을 뿐이다. 그래서 우리 가족이나 일가친척들은 모두 '진화'라 부르고 있고, 호적상의 이름과 공식적인 이름은 모두 '영미'로 불리고 있다.

이름이 두 개기 때문에 재미있는 에피소드도 많다. 집으로 전화가 와서 "영미 좀 바꿔주세요."라고 하면 할머니나 친척이나 사촌들이 집에 왔을 때 "그런 사람 없는데요."하고 전화를 끊어버린 일들도 많았다. 지금도 자주 만나지 못하는 사촌이나 오촌, 육촌들은 내 이름이 '진화' 하나만 있는 걸로 알고 있다. 이뿐만이 아니다. 내 결혼식 때에도 그런 친척들이 '박진화'란 이름이 없어서 그냥 휴대전화로 예식장 장소를 묻는 경우도 있었고, 안내 데스크에 가서 '박진화' 결혼식이 없느냐고 몇 번이고 물어본 적도 있었다.

아버지가 일찍 돌아가셨기 때문에 고등학교를 졸업하고 바로 취직을 했다. 취직하고 한 직장에서 8년 정도 일을 했다. 그중에 2년은 야간 대학교에 다녔었다. 야간 대학교에 다니기 전쯤의 일이었다. 회사 일은 익숙할 대로 익숙해졌었고 몇몇 친구들은 늦게 대학교를 다니기 시작한 친구도 있었고, 결혼을 일찍 하는 친구들은 하나둘씩 결혼을 하고 각자 자신의 길을 하나씩 찾아갈 때였다.

나는 도대체 무엇을 하고 있나 싶었다. 좋아하는 사람은 있었으나 결혼할 형편과 시기는 아니었으며 직장이 평생 다닐 만큼 좋은 곳은 또 아니었다. 무엇보다 작은 오빠가 제자리를 찾지 못하고 엄청나게 방황하던 시기가 오래되어서 우리 집은 항상 무거운 분위기였고, 어머니는 작은 오빠에게 받은 스트레스를 고스란히 고등학교 1학년 때부터 시작하여 5~6년을 나에게 온통 쏟아 부었다. 그때 당시 회사에서는 아주 멀쩡한 아가씨가 마음은 곪을 대로 곪아 있었던 것이었다. 그렇게 마음에 들지 않은 남자와의 헤어짐은 아무것도 아니었다고나 할까?

그러던 어느 날, 퇴근하면서 발길 닿는 대로 어느 철학관을 찾았다. 그래도 간판이 번듯하게 괜찮은 곳이었다. 어두운 그림자가 드리워지기 시작하고 하나둘씩 가로등이 켜질 무렵이었다. 나는 콩닥거리는 가슴으로 철학관의 문을 두드렸다. 약 60쯤 되어 보이는 할아버지 같은 분이 계셨다. 너무나 겁이 났으나 가슴이 답답하여 사주 풀이를 해주는 걸 듣고 있었다. 내 마음과 성격 그리고 일정한 과거 경력도 맞추는 것 같았다. 그런데 결정적으로 이름이 잘못됐다는 것이었다. '영(英)' 자에 가운데가 갈라지기 때문에 당신은 남자를 만나면 항상 봉사해야 하는 사주이고, 그것이 결혼한 다음에는 괜찮아진다는 말과 함께 결혼은 늦게 해야 한다는 말까지 덧붙였다.

그런데 중요한 것은 그다음의 말이었다. 자기는 그런 액운을 막아 주는 사람이기 때문에 자기와 한 번만 성관계를 하면 깨끗이 괜찮아진다는 것이었다. 어이가 없었다. 순간 나는 이 위기에서 어떻게 빠져나가야 할지 엄청난 고민이 시작되었고, 가슴은 더욱더 뛰었다. 한참 동안의 침묵이 흐르고 내가 아무 말도 안 하고 있으니 답답해 하면서 일어나 물을 마시러 갔다. 그 틈을 타 나는 벌떡 일어나 신발을 주워들고 걸음아 날 살려라 사정없이 달렸다. 정말 이것은 텔레비전에만 나올 법한 그런 이야기다. 그날 이후 내 지금까지 이름에 관한 얘기만 나오면 그 편치 않은 기억이 되살아난다.

### 4) 한국과 중국과 일본의 이름 발음[조재경]

우리나라 사람 중에서는 이름과 운명 사이에 상관관계가 있다고 믿는 경우가 많다. 이름이 길흉화복을 좌우한다고 생각하는 경향이 있어, 불행한 경우를 당했을 때 이름 탓을 하며 개명하는 경우를 흔히 본다. 오늘날은 과거와 달리 쉽게 이름을 바꿀 수 있도록 제도가 간략화하였기 때문에 길흉화복이나 특별한 이유에서라기보다는 단지 이름이 어렵거나 불리는 음성적 소리가 촌스럽거나 예쁘지 않다는 이유로도 흔히들 이름을 쉽게 바꾸곤 한다.

우리 전통 사회에서는 다른 사람의 이름을 함부로 부르는 것을 꺼렸다. 작명할 때 특히 의미에 중점을 두었는데 오늘날 현대인의 이름을 보면 불리는 음[소리]에도 큰 의미를 두는 것 같다. 그래서 집안의 항렬자를 따르지 않거나 순 우리말로 이름을 짓는 경우가 많아졌다. 이름은 그 담긴 뜻만큼이나 그 소리도 중요하다.

   내가 일본에 체류할 때 있었던 일이다. 이 연구실에는 한국인과 일본인, 중국인 그리고 영어권 유학생이 소속되어 있었다. 동아시아의 3국은 같은 한자문화권이면서도 문화적 충돌이 빈번히 일어나곤 했는데 그중에서 한자 이름을 어떻게 부르는가에 대한 의견이 서로 달랐다. 한국인의 이름은 받침이 들어간 이름이 많아서 일본인이 발음하기가 매우 어렵다. 그래서 이름에 읽는 법을 일본어(히라가나)로 써 두지 않으면 일본식으로 읽혀 버리는 경우가 허다하다. 예를 들어 본인의 이름 조재경(曺再京)은 일본식으로 읽으면 '소우사이쿄우(そうさいきょう)'라고 불린다. 흔히 일본인들은 성만 부르는 경우가 일반적인데 '조'라고 고쳐 말하지 않으면 늘 '소우상(曺樣)'이라고 불렸다.

   여기서 재미난 사실은 일본인과 중국인은 이름을 서로 자기네 방식으로 부른다는 것이다. 중국인 중에서 왕칭(王淸)이라는 친구가 있었는데 이 친구의 일본 내에서의 이름은 '오우세이'였다. 한자로는 그대로 王淸이지만 일본식으로 이 한자를 읽으면 '오우세이'가 되는 것이다. 이름은 고유명사이므로 발음이 어렵더라도 그대로 불러야 하는데 일본과 중국에서는 그렇지 않다. 게다가 중국에 가면 내 이름은 '챠오쟈이징'이 된다고 하니 황당하기 그지없다. 불리는 음성적 이름은 개인의 아이덴티티이기도 한데 환경에 따라 이름이 변한다는 것은 결국 '나[자아]'를 잃어버리는 듯한 느낌이 든다.

이름은 '나를 상징하는 하나의 기호'라고 한다. 그러나 이름은 정하는 것은 부모나 성명학자들에 의해서 결정되는 경우가 일반적이다. 오늘날에는 아이가 성장해서 본인의 이름이 마음에 들지 않는 경우 바꿀 수 있지만, 과거에는 그렇지 않았다. 결국, 이름은 '나'를 상징하지만, 내 의지에 의해서 선택할 수 있는 것이 아니라고 본다.

일본에서 부모가 아이의 이름을 '악마'라고 지어서 사회적인 문제가 된 적이 있다. 일본어로 '아쿠마(悪魔)'라는 의미는 우리말과 같은 의미로 부정적인 뜻이다. 개구쟁이 아이를 '악마'라고 부르는 경우가 간혹 있지만, 사회적으로 통용되는 이름을 악마라고 작명하는 것에 대한 의견이 분분했다고 한다. 작명할 때 '나'를 상징하는 이름에 나의 의지는 없고 부모나 성명학자의 생각만 있으니 이 또한 아이러니 하다는 생각을 해본다.

### 5) 정선혜

내 이름은 정선혜. 영어 이름은 Sharon(샤론)이다.

1999년 나는 인도네시아 국립대학인 Universitas Indonesia(UI)에서 어학연수과정인 BIPA(Bahasa Indonesia untuk Penutur Asing)를 다니기 위해서 인도네시아로 유학을 갔다. 학교에 다니면서 외국인들에게는 내 한국 이름이 결코 쉽게 발음할 수 있는 이름이 아니라는 것을 깨닫게 되었다.

나는 사람과 사람의 관계란 이름을 부르는 것부터 시작한다고 생각한다. 하지만 이름을 부를 때마다 실수하는 것은 상대방의 입장에서도 내게 미안한 일이고, 나로서도 기분이 좋지 않다. 그런 면에서 고민하던 나는 현지 친구들이 내 이름을 부를 때 부담 없이 마음껏 부를 수 있는 애칭을 만들어야겠다고 생각했다. 이름을 정하는 데 있어서 가장 중요하게 생각한 것은 앞으로 살아가면서 계속해서 사용할 수 있는 이름이어야 했다. 한국이 발전하면서 외국인을 만날 기회도 많아질 것이고, 그만큼 내 본명을 쉽게 발음하지 못하는 사람도 많아질 것이다. 그렇기 때문에 사회생활을 하면서도 사용할 수 있는 튀지 않으면서 쉬운 이름이 필요했다.

고민한 끝에 성경에 나오는 이름을 예명으로 하는 것이 어떨까 하는 아이디어가 떠올랐다. 즉시 인도네시아에서 다니던 교회의 목사님께 부탁을 드렸다. 1주일 후, 내가 목사님으로부터 받게 된 이름이 바로 '샤론'이었다. 처음 내 영어이름이 적힌 종이를 받았을 때, 나는 새로운 이름이 생겼다는 것에 몹시 흥분되었고, '샤론'이라는 이름으로 살아가게 될 나의 생활에 대한 기대와 두근거림을 느꼈다.

샤론(Sharon)이라는 이름은 이스라엘의 샤론 평야를 뜻하기도 하고, 미국 펜실베이니아주 서부의 도시를 뜻하기도 하는데 내 이름의 어원은 전자를 바탕으로 했다. 샤론 평야는 이스라엘의 영토 가운데 인구가 가장 밀집된 곳으로, 카르멜 산의 해안 부분에서 텔아비브야포의 야르콘 강 유역까지 약 89km에 걸쳐 남북방향으로 펼쳐져 있는 모래 언덕 위주의 삼각형 형태의 지대이다. 〈구약성서〉에도 몇 번 나오는 샤론이라는 이름은 히브리어로 '곧다' 또는 '평평하다'는 뜻을 가진 'Yashar(야샤르)'에서 나온 것으로 보인다. 그러나 〈70인역 성서〉[가장 오래된 그리스어역 〈구약성서〉]에서는 때때로 '작은 숲', '수풀'로 번역되고 있는데, 이것은 여기에 고대부터 18세기까지 울창

한 숲이 있었다는 사료와도 일치한다.

한편, 상징적인 의미로는 '변화된 인간의 상태' 또는 '신실함과 영광스러움'[이사야 35:2]과 '영원한 평화'[이사야 65:10.17]를 가지고 있다. 역사적으로 샤론이라는 이름은 19세기까지 남성에게도 적용되는 이름이었지만, 현재는 거의 모든 경우에서 여성의 이름으로 사용된다. 미국에서는 샤론이라는 이름이 1940년대부터 1960년대까지 매우 인기가 많았다.

내가 처음 인도네시아에 가서 영어이름이 없이 현지인 친구들을 만났을 때의 일이다. 내 이름인 정선혜는 영어 철자로 Jung Sun Hye 라고 쓰는데, 교수님을 비롯하여 모든 현지인 친구들이 제대로 발음을 하지 못하는 것이다. BIPA를 들어가서 수업 초반에 교수님이 출석을 부르고 계시는데 내 이름을 부르시지 않았다. 나는 순간적으로 첫 수업인데 반을 잘못 들어온 것은 아닌지, 학교 행정 팀에서 실수해서 내 이름이 빠져버린 것은 아닌지 덜컥 겁이 났다. 아무리 생각해도 이 교실에서 수업하는 것이 맞는 것 같은데 내 이름이 불리지 않았으니 큰일이 난 것이다.

그래서 조심스레 교수님께 다가가 내 이름이 없다고 말씀드렸다. 교수님이 이름이 뭐냐고 물으시더니 이윽고 출석부에서 내 이름을 찾아내시더니 아까 다섯 번이나 불렀다는 것이다. 내 이름을 제대로 발음하지 못하고 '중순히'라고 발음하는 바람에 아무리 불러도 알아듣지 못했던 것이었다. 그 후로도 매일매일 내 이름이 의도치 않게 바뀌었는데 교수님과 반 친구들 모두 나를 '중순히'라고 불렀다. 더욱 답답한 점은 내가 발음을 지적해 주면 처음보다 조금 더 고친 것이

겨우 '중수네'가 된다는 것이었다. 이래저래 아무리 고쳐주려고 노력해도 나는 한 번도 제대로 된 내 이름을 들을 수 없었다.

며칠 뒤, 나는 내 이름을 고쳐주는 것을 아예 포기했다. 대신 누군가가 내 이름을 언제 어느 때에 부를지 모르기 때문에 항상 주위를 살펴야 했다. 잠시라도 딴생각을 했다가 나도 알아듣기 어려운 내 이름을 못 듣고 지나치면 안 되기 때문이었다. 일일이 이름을 고쳐줄 때보단 내 재량껏 알아듣는 것이 오히려 마음이 더 편했다.

하지만 2주일이 지나고 한 달이 다 되가니 수업을 겨우 한 달밖에 하지 않았는데 한 4개월 동안 진 빠지게 공부한 것 같이 피로를 느끼게 되었다. 그래서 생각해 낸 것이 바로 영어이름 'Sharon'이었다. 영어이름을 만들고 나서 친구들과 교수님께 앞으로 나를 부를 때 편하게 샤론이라고 부르라고 하자 환호에 가까운 축하를 받았던 기억이 난다. 모두들 발음이 결코 쉽지는 않은데 이름을 다르게 부르는 것이 나에게 미안해서 여태까지 안 되는 발음 억지로 하려고 꽤 고생한 것이다. 그래서 초반에 사람들이 내게 말을 걸 때 어려웠던가 보다. 영어이름을 만든 후, 학교생활은 좀 더 편해졌고 친구들도 내 이름을 맘껏 불러주었다.

내가 외국에 나가지 않고 계속 한국에 있었다면 내 이름이 외국인들에게는 발음하기 어려운 이름이라는 것을 쉽사리 알아차리지 못했을 것이다. 또 내 이름이 다소 웃기고 못나기까지 한 이름으로 불렸다는 것이 지금 생각해보면 너무나도 재밌고 기억에 남는 에피소드이다. 덕분에 나는 예쁜 영어이름도 가지게 되었다. 하지만 이러한 사건을 겪으면서 느낀 것은 우리나라 한글은 다른 나라 사람들이 적지 못하는 발음까지도 모두 적을 수 있다는 것이다. 한글의 위대함을 다시 한 번 느낄 수 있는던 경험이었다.

### 6) 모두 일곱 개인 내 이름[김영미]

내 이름은 김영미이다. 한자로는 金英美. 내 아버지는 내가 여자로서 내면으로부터 아름다움을 나타내는 사람으로 자라나기 원하여 그런 한자가 들어가는 이름을 붙이셨다고 한다. 어렸을 때는 아버지의 깊은 뜻을 몰랐다. 그래서 가끔은 '그 흔한 영미가 뭐야?' 하고 투덜대기도 했다. 그러나 나이를 먹고 두 아이의 엄마가 되어 아이들의 이름을 지을 때가 되어서야 아버지의 깊은 뜻을 헤아릴 수 있었다. 부모가 자녀의 이름을 지을 때 어떤 마음으로 짓는지 비로소 깨달았다.

그렇게 철없을 때 흔한 이름이라고 투덜댔던 '김영미'가 고유의 이름 그리고 정부에 정식으로 기록된 내 이름이다. 지금은 그 이름에 만족하며 아름다운 이름과 그 이름에 담긴 뜻을 나타내려 노력하고 있다.

지금 내 이름은 무려 일곱 개나 된다. 어떻게 하여 일곱 개의 이름을 가지게 되었는지 이제부터 차근차근 써 나가 보도록 하겠다.

첫 번째의 이름인 김영미는 아기 때부터 시작하여 초등학교와 중고등학교를 거쳐 대학교, 그리고 짧은 직장생활을 할 때까지 불렸다. 철없을 때 별로 좋은 줄 모르고 불리었던 그 이름이지만 부모님께서 지어주신 소중한 내 본 이름이다.

한국인의 이름이야기

　두 번째 이름은 '현두 댁'. 결혼과 동시에 나는 내 이름 대신 남편의 이름 뒷자리에 댁을 붙여 불리었다. 그렇게 내 두 번째의 이름이 생겨난 것이다. 바로 '현두 댁'이라고. 우리나라 여자가 결혼하면 결혼 전의 이름을 부르지 않는 우리 문화 탓일 것이다.

　세 번째 이름은 '에녹 엄마'. 결혼한 지 약 1년이 지났을 때쯤 큰 아이가 태어났다. 큰 아이 이름을 '에녹'이라 지었다. 그때부터 내 이름은 '에녹 엄마'가 되었다. 친구들과 전화할 때도 난 "나 에녹 엄마야!" 내가 먼저 나를 그렇게 이야기하고, 친정 엄마는 당연히 나를 그렇게 부르셨다. 친정 엄마와 내가 스스럼없이 자연스럽게 부르시니 시댁 쪽에서야 말할 것도 없었다. 그런데 이상하게도 그렇게 '에녹 엄마'라고 불리는 것이 내 귀에 익숙해져 가고 싫지가 않았다. 모성애의 힘이 거기까지 발휘한 것일까? 그렇게 출산 이후 10여 년간 내 이름은 '에녹 엄마'였다.

　네 번째 이름은 "사모님", "싸모님". 시간이 흐르고 나는 남편을 따라 이곳 카자흐스탄이라는 곳으로 이사 와 정착하였다. 이곳은 우리와 이름을 부르는 문화가 전혀 달랐다. 처음 언어 선생님을 만났다. 처음 만나던 날 그 선생님은 내게 이름이 무엇이냐고 물었다. 내 이름을 묻는 소리에 나는 당황했다. "어! 뭐라고 해야 하지?"하며 속으로 반문했다. 내 이름 '현두댁?', 아니 '에녹 엄마?' 어릴 적 불리었던 '김영미?' 결국, 나는 위의 세 가지를 말하지 못하고 '사모님'이라고 말하였다. 왜 나는 내 이름이 '김영미'라고 당당하게 말하지 못하였을까? 그것은 아마도 결혼과 동시에 여자의 이름을 부르지 않는 우리 문화 속에서 살아왔기 때문일 것이다.

■ II. ● 현대 한국인의 이름에 얽힌 사연들

나중에 내가 이곳 언어를 알아들을 때 언어 선생님은 내게 이런 말을 했다. "그런데 이상한 것이 있다. 너희 한국에는 사모님이라는 이름이 여자 이름에 많이 쓰나 보다. 내가 다른 한국 여자에게도 러시아어를 가르치는데 그 여자도 이름이 '사모님'이더라." 나는 박장대소하며 웃었다.

다섯 번째 이름은 "김 얀미". 카자흐스탄에서 한 해, 두 해 살아가면서 이곳의 현지 관공서나 은행관계 등으로 내 이름을 러시아로 문서에 기록해야 했다. 그런데 이곳 러시아어에는 한국어 발음 "ㅇ"이 발음되지 않아, 내 이름을 부르고 쓸 때마다 어떨 때는 "얀미" 또는 "이욘미" 아니면 "연미"라고 매번 사람마다 다르게 부르고, 사람마다 다르게 썼다. 그래서 이름을 러시아식으로 통일해야 할 필요성이 생기게 되었다. 결국, 나는 나의 러시아식 발음의 이름을 "김 얀미"로 통일시켰다. 이곳의 카자흐스탄의 모든 관공서의 공식 서류상의 내 이름은 "김 얀미"로 통일이 되었다. 이렇게 해서 내 다섯 번째 이름은 "김 얀미"이다.

여섯 번째 내 이름은 "사울레". 이것은 카자흐어로는 "햇살"이라는 뜻이다. 이곳에서 사는 햇수가 더해 갈수록 관공서만이 아니라 다른 여러 다양한 현지인을 만나게 되었다. 예를 들어 시장 갈 때, 버스를 타거나, 택시를 탈 때 등 여러 상황에서 만나는 카자흐사람들은 항상 내 이름을 물어보았다. 이들의 문화는 꼭 상대방의 이름을 부르며 이야기하는 문화이기 때문이다. 그때마다 한국 이름을 가르쳐주면 앞에서와 같이 사람마다 다르게 불렀다. 그래서 이번에는 내 이름을 의미 있는 현지식으로 갖고 싶었다.

··· 169

이곳의 언어는 러시아어와 카자흐어 두 가지 언어를 쓰는 곳이다. 그래서 우선 카자흐어 이름을 하나 짓기로 했다. 많은 생각 끝에 많은 사람에게 비취는 따듯한 햇살처럼 이 사람들에게 따듯한 사람으로 기억되고 싶었다. 그래서 따듯한 햇살을 뜻하는 카자흐어 이름인 "사울레"를 택했다. 이렇게 하여 이번에는 내가 직접 지은 이름 카자흐스탄에서의 현지식 이름을 갖게 되었다. 시장의 단골집 채소 가게 아저씨와 과일과게 아주머니는 항상 내게 "안녕 사울레, 필요한 것 없어요?" 하면서 먼저 말을 걸어온다. 그래서 내 여섯 번째 이름 따뜻한 햇살 '사울레'다

일곱 번째 내 이름은 "로자". 그런데 문제가 발생했다. 이곳은 여러 민족이 어울려 사는 다민족으로 사회가 구성되어 있는데, 카자흐 사람이 아닌 러시아 계통의 사람이 내 이름을 물어볼 때 내가 '사울레'라고 말하면 약간 경계하는 눈치가 보였다. 그래서 다시 러시아식 이름을 하나 갖고 싶었다. 이제는 내면도 예쁘지만, 외모도 예뻐지고 싶은 여자의 본능이 작용하여 한국말로 '장미'의 뜻인 '로자'로 러시아식 이름을 만들었다. 이렇게 하여 내 일곱 번째 이름이 '장미', '로자'이다. 장미처럼 아름다워지고 싶은 마음을 이름에 담았다. 남편은 웃지만, 이제 나는 이곳에서 카자흐 계통의 사람을 만나면 '사울레'이고 러시아 계통의 사람에게는 '로자'라고 내 이름을 소개한다. 이렇게 내 이름은 김영미에서 로자까지 모두 일곱 개다.

# III. 고려와 조선 시대의 명설(明説)들

## 1. 이색(李穡), 〈한씨 사자 명자 설(韓氏四子名字說)〉

한첨서(韓簽書) 공이 그 네 아들의 이름을 짓고 또 자(字)를 지었다. 옛사람이 아들을 서로 바꾸어서 가르친다고 하였는데, 친구인 나 한산(韓山) 이색(李穡)에게 그 이름과 자의 뜻을 풀이해 달라고 요청하였다. 나 이색은 감히 사양하지 못하였다.

첫째아들의 이름은 상환(尙桓)인데, 이 이름과 관련하여 ≪서경(書經)≫에 이르기를, "씩씩함[桓桓]을 숭상(崇尙)한다." 하였으니, 용기를 내야 한다는 것을 알게 한 것이다. 사람이 학문을 함에 있어서 무엇보다도 용기가 앞서는 것이다. ≪중용(中庸)≫에서는 지(知)·인(仁)·용(勇)을 세 가지의 통용할 수 있는 덕이라 하여 용기를 그 끝에 두었으나, 지혜와 인을 극치에 도달하게 하며, 하늘과 땅이 제자리를 유지하며 모든 물건을 육성시키게 하는 힘은 용기이다. 지혜는 용기가 아니고서는 선택하지 못할 것이고, 인도 용기가 아니면 지키

···171

지 못할 것이다. 그러므로 "굳세도다, 씩씩함이여."라는 말로 이를 찬미하였다. 상환(尙桓)에게 백환(伯桓)[1]이라고 자를 지은 뜻이 무엇인지 생각하며 살지 않으면 안 될 것이다.

둘째아들의 이름은 상질(尙質)인데, 그 근본 또는 바탕(質)을 알아 숭상해야 된다는 것을 강조한 이름이다. ≪논어≫에 이르기를, "문채(文)가 바탕(質)을 이기면 너무 화려하고, 바탕이 문채를 이기면 너무 속되다." 하였다. 바탕(質)은 꾸밈새(文)의 근본이다. 그런데 꾸밈새가 너무 지나친 지가 오래되었다. 온화한 미와 충신한 독실함이 없어지고 드러나지 않아, 비록 좋은 바탕이 있을지라도 다 같이 타락하여 유행하는 세속에서 헤어나는 사람이 없으니, 꾸밈새의 폐해가 극단에 이르렀다. 그런데도 오직 꾸밈새만을 숭상하여 혹은 그 근본은 잃어버리고 그 지엽적인 것만을 추구하고 있다. 그러므로 이를 바로잡는 방법은, 비록 한쪽으로 치우친 듯하더라도 바탕을 중히 여기는 것이 낫다. 상질의 자를 중질(仲質)[2]이라 하였으니 그 뜻을 생각하며 살지 않으면 안 될 것이다.

셋째아들의 이름은 상경(尙敬)인데, 그 마음속에 주장하는 [공경하는] 것이 있어야 할 것을 강조한 이름이다. ≪예기(禮記)≫에 이르기를, "공경하지 않는 것이 없다." 하여, 3백 가지의 예의(禮儀)와 3천 가지의 예모(禮貌)에 대하여 공경이라는 말을 그 첫머리에 두었으니, 곧 요전(堯典)에서 '공경한다'는 말을 먼저 쓴 것과 같은 의미이다. 도(道)를 배우는 사람은 공경함에서 출발하여 뜻을 진실하게 하고 마

---

1) 직역하면 "씩씩함을 첫째로 삼음. 씩씩한 장남"
2) 직역하면 "바탕과 근본을 숭상하는 차남"

음을 바르게 하는 데에 이르며, 정치하는 사람은 공경함에서 출발하여 나라를 다스리며 천하를 평안하게 하는 것이다. 부부간에 서로 공경한 사실을 역사에서 또 이를 기록하였으니, 농사를 짓는 들판에서도 공경이 없어서는 안 될 터인데3), 하물며 조정과 향당[고향마을]에서이겠으며, 하물며 보이지 않는 곳에서이겠는가? 하늘을 섬기며 천제께 제사를 지내 사방의 신을 감동하게 하는 것이 모두 이 공경함에서 벗어나지 않는다. 상경의 자를 중경(仲敬)4)이라 하였으니, 그 뜻을 생각하며 살지 않으면 안 될 것이다.

넷째아들의 이름은 상덕(尙德)인데, 마음으로 힘써 타고난 덕(德) 즉 선(善)함을 잃지 않기를(늘 숭상하기를) 강조한 이름이다. ≪서경≫에 이르기를, "능히 덕(德)을 밝힌다." 하였다. 사람이 하늘에서 타고나서 모든 이치를 갖추고 모든 일에 대응할 수 있는 것(능력)은 본래부터 타고난 선(善)이다. 기질이 이를 구속하기도 하며 물욕이 이를 가리우기도 하니, 여기에서 그것을 잃게 된다. 이것을 하늘에서 타고나서 이것을 자기에게서 잃어버리니, 그러므로 이를 허위(虛位 : 빈 자리)라 한다. 그러나 그 본연의 자체는 없어지는 것이 아니므로 순간적으로 다시 나타난다. 이것을 굳게 지키며 이것을 확충시키는 것은 곧 내게 달려 있는 것이지 밖에 있는 것이 아니다. 날 때부터 갖추어 있는 것이 덕이고, 잃었다가도 다시 찾는 것이 덕이다. 상덕(尙德)의 자를 계덕(季德)5)이라 하였으니 그 뜻을 생각하며 살지 않으면 안 될 것이다.

---

3) 어떤 이가, 새참을 내온 아내를 손님 대하듯 공경했다는 고사가 있음.
4) 직역하면, "공경할 줄 아는 차남"
5) 직역하면 "덕을 숭상하는 막내아들"

용(勇)으로 그 본뜻을 전일(專一)하게 하며, 질(質)로 근본을 삼으며, 경(敬)으로 주장을 삼으며, 덕(德)으로 그 하늘에서 타고난 것을 지키면, 한씨(韓氏)네 형제는 곧 그 선조에 대하여 욕됨이 없을 것이다. 부디 노력할지어다. 부디 노력할지어다.

## 2. 이색(李穡), 〈이씨 삼자 명자 설(李氏三子名字說)〉

광릉(廣陵) 이호연(李浩然)이 유사(有司)에 천거되었는데 ≪서경(書經)≫의 뜻을 잘 알기로 유명하였다. 내가 일찍이 그 서론(緖論)6) 듣기를 원하나 이루지 못하였더니, 하루는 와서 내게 이렇게 말하였다.

"내게 세 자식이 있으니 첫째는 지직(之直)7)인데 자(字)는 백평(伯平)8)이요, 둘째는 지강(之剛)9)인데 자는 중잠[仲潛]10)이요, 셋째는 지유(之柔)11)인데 자는 숙명(叔明)12)이니, 이렇게들 이름을 지은 것은 성인의 총명을 사모해서입니다. 무릇 세 가지 덕(三德)13)이라는 것은, 성인이 세상을 무마하고 사물에 응할 때에, 시대에 따라 마땅한 방도를 취하신 것으로서, 백성의 풍속을 황극(皇極)의 경지로 끌어올리려는 목적에서였다고 여겨집니다.

사람이 태어나면서부터 하늘로부터 성품을 품부(稟賦)받을 때에는

---

6) 서경을 이해하는 데 단서가 될 만한 설명.
7) 직역하면 "곧음에로 나아감"
8) 직역하면 "화평한 차남"
9) 직역하면 "굳셈으로 나아감"
10) 침잠한 세상에서 쓰임받는 차남
11) 직역하면 "부드러움에로 나아감"
12) 직역하면 "고명한 세상에서 쓰임받는 셋째아들"
13) 유교 사회에서 말하는 정직(正直)·강(剛)·유(柔)의 세 가지 덕.

중(中)의 체(體)와 화(和)의 용(用)이 갖추어져 있으니, 강충(降衷)이니 유성(綏性)이니 하는 설14)이 그것입니다. 그러나 처음에 기운을 품부받으면서 달라질 수도 있고, 뒤에 가서는 세상의 오염된 풍속에 부림을 받게 되는 탓으로, 중(中)이 못 되고 화(和)가 못 되는 지경으로 어쩔 수 없이 떨어지게 된다 하겠습니다. 그러므로 성인이 하늘을 이어받아 지중(至中) 지정(至正)한 표준을 세워(繼天立極), 임금이 이 표준을 가지고 다스리고, 스승이 이 표준을 가지고 가르치게 하였으니, 이렇게 해서 삼덕의 조목이 확립되기에 이르렀다 하겠습니다. 세상의 도[世道]가 평화롭고 안락할 때에는 집집마다 표창을 할 만할 테니, 성인이 굳이 하실 일이 무엇이 있겠습니까? 바르게 하고 곧게 하면서 그 상도(常道)를 따를 따름이니, 옷자락을 늘어뜨리고서 행한 무위(無爲)의 정치를 여기에서 볼 수 있다 할 것입니다. 그래서 내 맏아들의 이름을 지직(之直)이라 하고 자를 백평(伯平)이라 하였으니, 요(堯)·순(舜)의 백성이 되게 하려는 소망에서였습니다. 이것이 바로 성인께서 평강의 시대에는 직(直)을 쓰시는 것이라 하겠습니다.

세상의 도가 내려와 낮아지게 되면 백성들이 숨거나 뒤로 물러나서 중(中)에 미치지 못하게 됩니다. 따라서 이런 때에는 이들을 바른 방향으로 도와 잘 인도하고 퇴폐해진 기운을 진작시킴으로써 중화(中和)의 경지로 돌아가게 해야 하니, 이것이 바로 성인께서 침잠(沉

---

14) 강충은 하늘이 중정(中正)한 성품을 사람들에게 내려 주었다는 말이고, 유성은 그 성품을 제대로 안정시켜야 마땅하다는 말인데, ≪서경≫ 탕고(湯誥)의 "위대한 상제께서 아래 백성들에게 치우침 없는 덕을 내려 주시어, 그 자연적인 성품을 따르게 하셨다. 그러니 그 길을 따르도록 안정시켜 이끌어야만 임금의 자격이 있다고 할 것이다.[惟皇上帝 降衷于下民 若有恒性 克綏厥猷 惟后]"라는 말을 요약한 것이다.

潛)의 시대에는 강(剛)을 쓰시는 것이라 하겠습니다. 그래서 내가 둘째 아들의 이름을 지강(之剛)이라 하고 자를 중잠(仲潛)이라고 하였습니다.

세상의 도가 올라가서 높아지게 되면 백성들이 고명(高明)해져서 중(中)에 지나치는 행동을 하게 됩니다. 따라서 이런 때에는 이들을 물에 담가 숫돌에 갈듯 점차로 강경(強梗)한 기운을 소모시킴으로써 중화의 경지로 돌아가게 해야 하니, 이것이 바로 성인께서 고명한 시대에는 유(柔)를 쓰시는 것이라고 하겠습니다. 그래서 제가 막내아들의 이름을 지유(之柔)라 하고 자를 숙명(叔明)이라고 하였습니다.

아, 성인께서 백성에게 중(中)을 쓰시는 것이 이와 같으니, 백성이 진정 중(中)으로 돌아가기만 하면, 바로 요순(堯舜)의 세상이 된다고 할 것입니다. 따라서 이름을 붙인 것은 비록 다르다고 할지라도 귀착하는 곳은 같다고 할 것이니, 자식을 사랑하는 부모의 마음에 혹 조금이라도 치우치게 하는 점이 어찌 있을 수 있겠습니까? 지금 제가 세 아들을 꼭 이렇게 이름 지으려고 한 것은 장차 이를 통해서 세상의 변화를 살피고 성인의 교화를 사모하면서 스스로 전원(田園) 속에서 즐기려 함이니, 문밖을 나가지 않더라도 천하의 일을 알 수 있다고 한 경우가 바로 저를 두고 하는 말일지도 모르겠습니다. 청컨대 선생께서 이에 대해서 한마디 말씀을 해 주셨으면 합니다."

그래서 내가 다음과 같이 말하였다.

"그대가 ≪서경≫을 잘 해설한다는 말이 사실이라 하겠다. 그런데 나는 이제 늙었으니, 황극(皇極)이 행해지고 삼덕(三德)을 써서 다스려지는 세상은 눈으로 볼 수 없을 듯하다. 하지만 그대의 아들 세 사람은 모두가 아름다운 자질을 지니고 있는 만큼, 뒷날 성취하는 정도를 참으로 헤아리기 어렵다고 하겠다. 따라서 부친의 가르침을 결코 어기는 일이 없게 되는 것이 나의 바람이니, 모쪼록 힘써야 할 것이다."

## 3. 권근(權近), 〈이씨형제 명자 설(李氏兄弟名字說)〉

이씨가 그 아들들의 이름을, 형은 여점(與點)이라 하고, 아우는 사점(思點)이라 하고는 자(字)를 내게 물었다. 나는 여점에게는 상우(尙友)라는 자를, 사점에게는 상지(尙志)라는 자를 지어주고 말하였다.

"'관자[冠子 : 의관을 정제한 이들] 5~6명, 동자(童子) 6~7명을 데리고 기수(沂水)에 목욕하고, 무우(舞雩)에서 바람 쏘이고 읊조리며 돌아오리다.'[공자의 제자 증점이 공자에게 진술한 자신의 뜻]라고 한 것은 증점(曾點)의 마음이 붕우와 더불어 같이하는 것을 즐긴 것이다. 공자가 길게 탄식하여 말하기를, '나는 증점을 허여[許與 : 허락하고 칭찬함]하노라.' 하였으니, 이는 증점의 뜻이 능히 성인과 같은 것이었다.

성인은 천지를 본받아서 만물로 하여금 각기 성명[性命 : 인성과 천명 또는 목숨과 생명]을 바로하게 하나니, 성인의 뜻은 곧 천지의 마음이다. 증점의 뜻이 능히 성인과 같은 것은 무슨 까닭인가? 이는 증점의 학문이 본 바가 이미 커서 흉중이 유연(悠然)하고 기상이 조용하여, 천리(天理)가 항상 일상생활 속에 행하고, 인욕(人欲)이 이미 생각 속에 끊어졌기 때문에, 능히 관(冠)·동(童)의 벗과 더불어 봄바람 화한 기운 가운데 읊조리고 돌아오며 그 즐거운 바를 같이한 것이다. 또한, 낮고 높은 것이 이미 정하여졌으나, 만물과 내가 간격이 없이 일체가 되어 질서정연하고 화기애애하여, 유쾌하고 자유로우며 정대하고 고

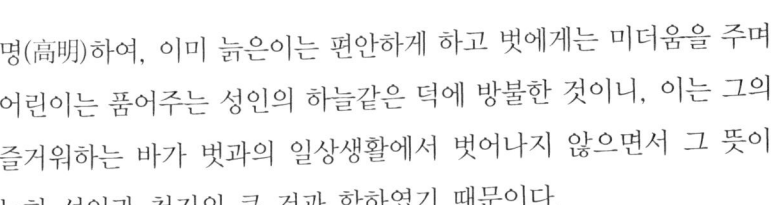

명(高明)하여, 이미 늙은이는 편안하게 하고 벗에게는 미더움을 주며 어린이는 품어주는 성인의 하늘같은 덕에 방불한 것이니, 이는 그의 즐거워하는 바가 벗과의 일상생활에서 벗어나지 않으면서 그 뜻이 능히 성인과 천지의 큰 것과 합하였기 때문이다.

아, 선비가 천년의 뒤에 나서 위로 벗삼는 바는 옛사람이요, 지위 없는 자리에 있으면서 고상(高尙)하게 가지는 바는 뜻을 세우는 것이다. 그렇다면 위로 올라가 벗삼을 이는 성인 문하의 제자가 아니겠으며, 고상하게 가지는 바는 성현의 뜻이 아니겠는가. 배우는 자는 진실로 능히 마음이 넓어지고 몸이 펴져서 나의 마음으로 하여금 한 터럭만한 누(累)도 없이 만물의 밖에 나오게 하면, 초연한 지취(志趣)를 유연히 즐기어서, 속에 가득 쌓인 것이 구름 피어오르듯 밖으로 나타나, 일상생활하는 동안이나 바람을 읊조리고 달을 희롱할 즈음에 황홀하게 스스로, '나는 점(點)을 허여하노라.' 하는 흥취가 있을 것이니, 비록 천 년이나 시대가 떨어져 있지만 더불어 견줄 수 있을 것이다.

여점(與點)이여, 옛사람과 벗 삼을 수 없겠는가. 이를 이루는 데에는 근본이 있나니, 인(仁)이 아니면 거(居)하지 않고, 의(義)가 아니면 행하지 않으며, 고요히 있을 때엔 경계하고, 두려워하며 지키고, 행동할 때엔 살피고 삼가, 능히 천리(天理 : 천지 자연의 이치 또는 하늘의 바른 도리)를 항상 보존하고 인욕(人欲 : 사람의 욕심)이 싹트지 못하게 하여, 일상생활에 곳곳마다 그렇지 않은 것이 없고, 궁하거나 현달하거나 근심하거나 즐겁거나 간에 곳곳마다 자득(自得)하지 않음이 없어, 위로는 하늘에 부끄럽지 않고, 아래로는 사람에게 부끄럽지 않은 연후에 마음이 태연하여 스스로 즐거움이 있을 것이니, 성현(聖賢)이 비록 멀다 하여도 더불어 함께 돌아갈 수 있을 것이다. 진실로 혹시라도 뜻을 세움이 높지 않고 힘씀이 독실하지 않으면, 천리는 날로 희미하고, 인욕이 날로 치성하여, 내 육체와 마음이 물질에 부림받아 악착같이 이익을 추구하느라 애쓰고 걱정하느라, 비록 백에 한 번쯤 얻은 즐거움이 있더라도 잃을까 근심하고, 그 자신을 돌볼 겨를도 없음을 슬퍼하게 되니, 하물며 벗에게 미칠 수 있겠는가. 그 마음이 이미 비루한데 하물며 성현을 바랄 수 있겠는가. 그렇기 때문에 뜻을 세우기를 높이 하지 않을 수 없는 것이다.

사점(思點)이여, 그 뜻을 고상하게 갖지 않겠는가. 성현의 뜻을 내 뜻으로 하고 성현의 학문을 내 학문으로 하여야 옛사람을 벗 삼을 수 있을 것이다. 비록 그러나 증점은 광견[狂狷 : 이상은 높으나 실행이 따르지 않으며, 사려가 부족하고 완고함]한 사람이다. 행실이 말을 가리우지 못함이 있다. 증점의 소견을 얻고 그 부족한 바를 없게 하는 것도 뜻을 세우고 학문을 닦는 데 달려 있다.

"아, 두 사람은 힘쓸지어다."


## 4. 권근(權近), 〈김씨(金氏)의 명자(名字)에 대한 설〉

내 벗 문화 김씨(文化金氏)의 아들 반(泮)은, 학문을 좋아하고 문장에 능하며 도(道)에 뜻을 둔 사람이다. 내가 의정부 참찬(議政府參贊)으로 있을 때 녹검상사(錄檢詳事)였는데, 언행이 단정하고 직무에도 근실하여 내가 진실로 아끼었다. 얼마 안 되어 늙은 어버이 때문에 고향 가까운 이웃 고을의 원으로 나아가 교화를 펴고 일을 보살피는 여가에 왕래하며 봉양하니, 수령의 치적도 닦고 자식의 직분도 빠뜨리지 않았다. 교체되어 서울에 와서는 또 내게 와서 ≪예기(禮記)≫를 읽었으니, 그 뜻이 본래 소성(小成)을 편안히 여기지 않았다. 또 내가 지은 ≪예기천견록(禮記淺見錄)≫을 등서하되 여러 달 동안 게을리 아니하며 갈수록 더욱 근실하므로 내가 더욱 애중하였다. 하루는 내게 자(字)를 청하기에 나는 다음과 같이 말하였다.

"옛날부터 벗이 자를 지어 주었으니 이는 내 책임이다. 무릇 반(泮)이란 제후(諸侯)의 학궁(學宮)15)인데, 그대가 이것으로 이름하였으니 이는 학문에 뜻을 둔 것인데, 학문이란 그 본원(本源)을 얻는 것이 귀중하다. ≪예기≫의 학기(學記)에 이르기를 '삼왕(三王)16)이 물에 제사할 때에는 강에 먼저 지내고 바다에 나중 지내어 혹 근원에 하기도 하고 말단에 하기도 하니, 이것이 이른바 근본을 힘쓰는 것이다.' 하였으니, 이는 배우는 자로 하여금 먼저 본원을 힘쓰게 한 것이다.

성인의 도는 수사(洙泗)17)를 근본하여 염락(濂洛)18)으로 분파되고 사해(四海)에 넘쳐, 우리 조선도 동점(東漸)의 안에 있게 되었으니, 근원은 머나 흐름은 한가지라, 진실로 거슬러 구하면 그 근원을 찾을 수 있을 것이요, 쉬지 않고 물을 따라가면 또한 바다에도 이를 수 있을 것이니, 공자가 천상(川上)에서 탄식19)한 그 뜻이 깊다. 맹자가 배우는 자의 절실한 일을 지적하여 영과(盈科)20)로 깨우쳐 말하기를

---

15) 성균관과 각 고을 향교의 별칭.
16) 하(夏)·은(殷)·주(周) 삼대 시대의 왕.
17) 공자의 고향인 산동성 곡부로 흘러드는 수수(洙水)와 사수(泗水)로, 공자 및 유가(儒家)의 별칭으로 쓰이는 말.
18) 염(濂)은 주돈이(周敦頤)가 살았던 염계(濂溪), 낙(洛)은 정자(程子) 형제가 살았던 낙양(洛陽)으로서 송대의 성리학을 일컫는 말.
19) 공자가 천상(川上)에서 끊임없이 흘러가는 물을 보고 이를 도체에 비하여 제자들을 깨우친 일이 있다≪論語 子罕≫.

'샘의 근원이 끊임없이 흘러서 주야로 쉬지 않으니, 근원이 있는 것은 이와 같다.'하였으니, 그 배우는 자에게 진학(進學)의 공을 보임이 밝고도 극진하였다.

고정(考亭) 주자(朱子)의 방당시(方塘詩)에 이른 '샘에서 솟아나는 물[源頭活水]'이라는 말에 이르러서는 더욱 배우는 자의 경책(警策)이 되니, 그 본원은 다만 내 마음 속에 있음을 사람에게 보인 것이 매우 절실한 것이다. 모두가 선현들이 발표하지 못한 것이니, 배우는 자가 여기에 힘쓴다면 ……[원문 빠짐]……"

거상을 마치고 서적을 열람하다가 이 초고(草藁)를 얻었으나, 심한 병으로 인하여 책을 만들지 못하였다. ……[원문 빠짐]…… 읽으매 슬퍼서 눈물이 흐른다. 차마 없앨 수 없어서 아울러 책 끝에 기록한다.

## 5. 장유(張維), 〈유생의 이름과 자에 대한 설[柳生名字說]〉

유씨(柳氏)가 아들 셋의 이름과 자를 내게 청해 왔다. 내 생각에 유씨는 진양(晉陽 진주(晉州)의 고호(古號))에서 나와, 본래 그 선대(先代)에는 눈부시게 현달(顯達)했는데 요즘 몇 대에 걸쳐 조금 부진한 감이 없지 않다. 그러나 내가 듣건대, 공후(公侯)가 한 번 나온 뒤에는 반드시 그 선조를 이을 후손이 나오게 마련이라고 한다.

유씨는 대족(大族)이고 세 아들도 모두 훌륭하여 그야말로 어려운

---

20) 물이 웅덩이에 참. 맹자(孟子)가 서자(徐子)의 물음에 대답한 구절 중의 하나로서 "사람이 실행(實行)이 있은 뒤에야 지도(至道)에 이를 수 있는 것이, 마치 흐르는 물이 웅덩이에 차서 넘친 뒤에야 바다에 이르는 것과 같다." 하였다 ≪孟子 離婁≫.

환경 속에서도 학문에 힘을 쓰고 있으니 이는 장차 일어날 가능성을 충분히 보여 주고 있다 하겠다. 따라서 맏아들의 이름을 진발(晉發)이라 하고 둘째 아들의 이름을 진형(晉亨)이라고 하고 막내아들의 이름을 진륭(晉隆)이라고 하면 어떨까 한다. 이는 그렇게 되도록 기약하고 축원하는 의미에서이다.

그런데 일단 발(發)하기만 하고 끝까지 이르지 못할 염려가 있으니 그 자(字)를 자달(子達)이라 하고, 형(亨)은 아름다움이 모인 것이니 그 자를 여가(汝嘉)라 하고, 융(隆)이 지극해지면 쇠퇴함이 따라오나 겸손하면 이를 면할 수 있으니 그 자를 계겸(季謙)이라 하는 것이 어떨까 한다. 발에 대해서는 권면하는 뜻을 부치고 형에 대해서는 아름답게 여긴 것이고 융에 대해서는 경계하는 의미를 부여한 것이다. 세 아들이 된 자들은 나태하고 게으르지 말지어다.

## 6. 이식(李植), 〈세 아들의 이름을 고치면서 지은 글〉

아이들의 처음 이름을 지을 때에 집안의 항렬(行列)을 따라 황(煌)으로 돌림자를 삼은 뒤에, 각각 면(冕)과 신(紳)과 단(端)이라는 글자를 덧붙여[면황, 신황, 단황] 구별하였다. 그러다가 지금에 와서 황(煌)을 하(夏)로 고치게 되었으니[면하, 신하, 단하], 이는 황(煌)이라는 글자를 피해야 하겠다는 생각과 함께 하(夏)라는 글자에 대해서 느껴지는 점이 있기 때문이었다.

우선 면, 신, 단이라는 글자가 비록 예복(禮服)을 의미하고 있기는 하지만, 그 뒤에다 황이라는 글자를 덧붙인다면, 그것은 처음부터 상경(尙絅)[21]하는 뜻이 못 된다고 여겨졌다. 그리고 하(夏)는 크다[大]

는 뜻을 그 속에 지니고 있다. 그런데 자훈(字訓)을 보면, 중국 사람들 자신이 중국을 일컬으면서 대(大)라고 한 것이 오래되었다고 하였는데, 이와 함께 우리나라 사람들이 동쪽 변두리에 살면서 중국의 예복을 입어온 것 역시 오래되었다고 하겠다.

그렇다면 무슨 이유로 이 글자를 택해서 특별히 이름을 짓게 된 것인가? 그것은 지금의 시대가 하(夏)의 의미를 제대로 되찾지 못하고 있기 때문이다. 아, 하(夏)라고 하는 글자 속에 이미 그러한 뜻이 들어 있다고 해야 하겠지만, 그래도 반드시 중국의 글을 외우고 중국의 행동을 행하고 중국의 뜻을 지녀야만 중국의 예복을 입었다고 말을 할 수가 있을 것이니, 내 아이들은 이를 힘쓸지어다. 숭정(崇禎) 기묘년 중춘(仲春)에 쓰다.

## 7. 정제두(鄭齊斗), 〈명아설(名兒說)〉: 아들 후일(厚一)의 아명(兒名)을 입천(立天)이라고 지으며 그 뜻을 풀이한 것이다.

자사(子思)가 이르기를, "하늘이 명한 것을 성(性)이라 한다." 하였으니 사람의 성(性)이 곧 천(天)이요, 맹자(孟子)가 이르기를, "마음을 다하는 자는 그 성을 알고 성을 아는 자는 곧 천을 알며 그 마음을 간직하고 그 성을 기르는 것이 하늘을 섬기는 것이다."고 하였으니 마음과 성과 하늘이 하나인 것이다. 사람은 오직 이 마음일 뿐이요, 마음은 곧 이 하늘인 것이다. 이미 마음이라고 하면 곧 하늘이고 거기에 들어 있으니, 하늘과 사람이 어찌 둘이 되겠는가. 비록 그렇다고 하더라도 사람의 한 몸은 형기(形氣)가 승(勝)하고 천리가 미약한

---

21) 비단 옷의 문체(文彩)가 너무 드러남을 꺼리어 겉에 또 홑저고리를 걸친다는 뜻.

때문에 사람은 오직 피와 살이 꿈틀거리는 것이 사람인 줄로만 알고, 높고 둥그스름하게 위에 있는 것을 하늘인 줄만 알며, 그 근본이 곧 하나임은 모르는 것이다. 살아서 꿈틀거리는 것을 사람이라 생각하는 까닭에 다만 기욕(嗜慾 : 좋아하고 즐기려는 욕심)과 명리(名利 : 명예와 이익)만을 가지고 모든 것을 제 몸에 편하고 자기를 이롭게 할 수 있다고 하여 만족해 하며, 위에 있는 것을 하늘이라 하므로 그 성을 해치고 하늘을 멸하는 것을 마음대로 하고서도 스스로 알지를 못하고 있는 것이다. 진실로 내 한 몸의 인욕 때문에 그 본연의 천성을 빠지게 함이 없다면 사람된 도에 거의 가까울 것이다.

　장자[張子 : 장재(張載)]는 이르기를 "천지를 위하여 마음을 세운다." 하였는데 그 천지가 사람 밖이 아니고 곧 이를 자기의 책임으로 삼을 것을 알기 때문이 아니겠는가? 공자는 이르기를, "나를 아는 이가 없도다. 하학(下學)하여 위로 달(達)하노니[아래로 인사를 배워 위로 천리를 앎] 나를 아는 자는 하늘뿐인저."라고 하였으니 어찌 홀로 하늘에만 합하고 사람이 아는 곳에는 상관하지 않았기 때문이 아니겠는가? 그러니 또한 천지가 사람에서 떠나지 않는 것을 알고 하학하여 홀로 하늘에 달할 것을 알아서 반드시 이 마음을 하늘의 도에 세우고 사람이 알아주는 것을 구하지 않을 것이다. 그런 뒤에야 천리를 온전히 하고 내 한 몸의 욕심을 버리는 공부를 말할 수 있을 것이다. 그러므로 옛날에는 도를 말하는 자는 공부절목(功夫節目)의 번잡함이 비록 하나뿐이 아니라고 하더라도 그 근원은 다만 여기에 있는 것이라고 하였다. 여기에 서지 못하면 비록 학문이 있는 자라도 모두 자기를 위한 것이 아닌 것이다.

나도 실로 인욕에 빠지고 천성을 능히 하지 못한 사람인 것이다. 지금에 내가 여기에 본 바가 있어 깊이 감동하였으므로 그 뜻을 취하여서 네 아명(兒名)을 '입천(立天)'이라 하노니 대체로 나의 뜻하는 바를 표시하고 또한 너에게 바라는 것이다. 사람은 이 몸이 있으면 반드시 명을 받은 곳이 있으니, 하늘이여! 하늘이여! 이 마음을 천도에 세우는 것이 참으로 우리 인생의 명을 세우는 곳이다. 이를 천지를 위하여 세우고 우뚝하게 우주 안의 일을 나의 일로 삼으면 무릇 이른 바 공리(功利), 기욕(嗜慾), 소물(小物)과 외모[外慕 : 다른 것을 부러워함]의 누(累)가 자연히 들어올 수 없게 될 것이다. 하학하여 하늘을 알도록까지 뜻을 세워서 초연히 하늘만이 아는 신묘함을 바란다면 온 세상의 시비(是非), 훼예(毁譽 : 훼방과 칭찬), 영욕(榮辱), 현회[顯晦 : 세상에 알려지는 것과 그렇지 않은 것]가 생기는 것은 모두 돌아볼 바가 아닌 것이다. 하늘을 알고 하늘을 섬기는 데 뜻을 세워서 종신토록 마음을 간직하고 성을 기르는 공부를 게을리 아니하면, 천명의 성이 다시는 이지러짐이 없을 것이며 하늘은 사람에게서 벗어나지 않을 것이다.

입(立)함이여! 입함이여! 반드시 하늘이 입하게 하는 것이 바로 명을 세우는 것이다. 이제 너에게 인생이 시작될 때 주는 것도 오직 이것일 뿐이다. 아, 사람은 누군들 이 마음이 없으랴. 한마음이 미미한 데에 천지가 갖추어 있으니 그 체(體)는 크다고 할 것이다. 넓고 넓은 하늘을 내 한마음에 간직한다는 것은 그 도가 간약(簡約)하다고 할 것이다. 제 몸을 한낱 혈육의 몸뚱이로만 생각하는 것은 참으로 스스로를 적게 하는 것이니라.

## 8. 이남규(李南珪), 〈정구(定求)의 이름에 대한 설(說)〉

뜻이 정해지지 않으면 그 처신이 확립될 수 없고, 얼굴의 모습이 정해지지 않으면 그 표정이 엄숙할 수가 없고, 걸음걸이가 안정을 얻지 못하면 그 자세가 단정할 수가 없고, 말씨가 안정을 얻지 못하면 그 표현이 온화할 수가 없다. 그러므로 ≪대학(大學)≫에서 말하기를, "머물러야 할 최선의 경지를 알면 그 지향할 방향이 정해지는바, 지향할 방향이 정해지면 마음이 평정을 얻게 되고, 마음이 평정을 얻으면 자신의 처지를 편안하게 받아들이게 되고, 자신의 처지가 편안하게 받아들여지면 매사를 충분히 고려하여 대처할 수 있게 되고, 매사에 충분히 고려하여 대처하게 되면 최선의 경지를 얻을 수 있는 것이다." 하였다. 대저 마음의 방향이 정해지면 그 다음 마음의 평정이나, 편안한 받아들임이나, 충분한 고려 등은 벌써 반나마 이룬 것이 된다. 이 때문에 성인의 도리를 배우고자 하는 자는 반드시 그 마음의 방향을 결정하는 데에서부터 시작하는 것이다.

지금 내가 네 이름을 '정구(定求)'라고 짓는 것은 네가 그 지향할 방향의 안정을 추구하기를 바라기 때문이다. 그러니 너는 항상 네 이름을 생각하면서 밤낮으로 그 지향할 방향을 추구해서, 네 마음을 정하여 이를 확립하고, 네 용모를 안정되게 하여 이를 엄숙하게 하며, 걸음걸이와 말씨 등에 이르기까지 그 어느 것이나 이와 같이 정해진 마음의 방향에서 연유하지 않는 것이 없도록 하여, 그 단정하고 온화하여 흔들리지 않음이 네 아비와 같도록 하라.

## 1. 이름 관련 속담과 현대시

### 1) 이름 관련 속담

- 꼴 보고 이름 짓는다 : 무엇이나 어색하고 어긋나지 않게 맞춰 한다는 말.

- 꼴 보고 이름 짓고, 체수 맞춰 옷 마른다 : 위와 같음.

- 뉘 애기 이름인 줄 아나 : 실없은 소리 한다고 핀잔 주는 말.

- 망신하려면 아버지 이름 자도 안 나온다 : 평소에 잘 알고도 남이 있는 말까지 잊어 버리고 생각이 나지 않아 실수를 하게 됨을 이름.

- 사람은 죽으면 이름을 남기고 범은 죽으면 가죽을 남긴다 : 사람이 살아 있을 때 훌륭한 일을 하면 그 이름이 후세에까지 빛나는 것이니 마땅히 선행(善行)을 하여야 한다는 말.

- 이름난 잔치 배 고프다 : 소문이 크게 난 것이 도리어 보잘것 없을 때 이르는 말.

- 이름 좋은 하눌타리 : 이름만은 매우 좋으나 실상은 아무 것도 없다는 말.

- 이름도 성도 모른다 : 전혀 모르는 사람임을 강조하여 이르는 말.

- 이름이 고와야 듣기도 좋다 : 이왕이면 사물의 이름도 고와야 좋

다는 말.

- 이름이 좋아 불로초라 : 1. 이름만 좋고 실속은 없음을 비유적으로 이르는 말. 2. 『북』 불로초는 이름도 좋지만 약효도 좋아 불로초라 이른다는 뜻으로, 내용에 걸맞게 이름을 지은 경우를 비유적으로 이르는 말.
- 죽어야 명(名)이 난다 : 죽은 후에야 그 사람의 진가를 안다는 말.
- 체 보고 옷 짓고 꼴 보고 이름 짓는다 : 앞과 같음.
- 호랑이는 죽어서 가죽을 남기고 사람은 죽어서 이름을 남긴다 : 앞과 같음.

## 2) 이름 관련 현대시

### (1) 김춘수, 〈꽃〉

  내가 그의 이름을 불러 주기 전에는
  그는 다만
  하나의 몸짓에 지나지 않았다.

  내가 그의 이름을 불러 주었을 때
  그는 나에게로 와서
  꽃이 되었다.

  내가 그의 이름을 불러 준 것처럼
  나의 이 빛깔과 향기(香氣)에 알맞은
  누가 나의 이름을 불러다오.
  그에게로 가서 나도
  그의 꽃이 되고 싶다.

우리들은 모두
무엇이 되고 싶다.
너는 나에게 나는 너에게
잊혀지지 않는 하나의 눈짓이 되고 싶다.

## (2) 윤동주, 〈별 헤는 밤 〉

계절이 지나가는 하늘에는
가을로 가득차 있습니다.

나는 아무 걱정도 없이
가을 속의 별들을 다 헤일 듯합니다

가슴 속에 하나 둘 새겨지는 별을
이제 다 못헤는 것은
쉬이 아침이 오는 까닭이요,
내일 밤이 남은 까닭이요,
아직 나의 청춘이 다하지 않은 까닭입니다.

별 하나에 추억과
별 하나에 사랑과
별 하나에 쓸쓸함과
별 하나에 동경과
별 하나에 시와
별 하나에 어머니, 어머니

어머님 나는 별 하나에 아름다운 말 한마디씩 불러봅니다. 소학교 때 책상을 같이 했던 아이들의 이름과 패, 경, 옥 이런 이국소녀들의 이름과 벌써 애기 어머니된 계집애들의 이름과, 가난한 이웃 사람들의 이름과, 비둘기, 강아지, 토끼, 노새, 노루, 프란시스·잠, 라이너·마리아·릴케 이런 시인의 이름을 불러봅니다.

이네들은 너무나 멀리 있습니다.

별이 아슬히 멀 듯이

어머님,
그리고 당신은 멀리 북간도에 계십니다.

나는 무엇인지 그리워
이 많은 별빛이 나린 언덕 우에
내 이름자를 써보고,
흙으로 덮어 버리었습니다.

따는 밤을 새워 우는 벌레는
부끄러운 이름을 슬퍼하는 까닭입니다.

그러나 겨울이 지나고 나의 별에도 봄이 오면
무덤 우에 파란 잔디가 피어나듯이
내 이름자 묻힌 언덕 우에도
자랑처럼 풀이 무성할게외다.

### (3) 조병화, 〈시의 뿌리 2〉

자기 이름을 지킬 수 있는 사람을 만드는 것이 교육이다.
자기 이름에게 빛을 주는 것이 그 사람의 생애이다.

### (4) 김소월, 〈초혼(招魂)〉

산산히 부서진 이름이여!
허공 중에 헤여진 이름이여!
불러도 주인 없는 이름이여!
부르다가 내가 죽을 이름이여!

심중에 남아 있는 말 한마디는
끝끝내 마저 하지 못하였구나.
사랑하던 그 사람이여!

사랑하던 그 사람이여!

붉은 해는 서산 마루에 걸리웠다.
사슴이의 무리도 슬피 운다.
떨어져 나가 앉은 산(山) 위에서
나는 그대의 이름을 부르노라.

설움에 겹도록 부르노라.
설움에 겹도록 부르노라.
부르는 소리는 비껴 가지만
하늘과 땅 사이가 너무 넓구나.

선 채로 이 자리에 돌이 되어도
부르다가 내가 죽을 이름이여!
사랑하던 그 사람이여!
사랑하던 그 사람이여!

## 3. 한국 현대 작가들의 본명과 아명

(1) **고은(高銀)** : 고은태(高銀泰).

(2) **김기림(金起林)** : 아명은 인손(寅孫).

(3) **김동리(金東里)** : 호적명 '창귀(昌貴)', 족보명은 '태창(太昌)', 아명(兒名)은 '창봉(昌鳳)'.

(4) **김소월(金素月)** : 김정식(金廷湜)

(5) **김억(金億)** : 김희권(金熙權)

(6) **김영랑(金永郞)** : 김윤식(金允植). 어릴 때 '채준'으로 불리다 개명함.

(7) **김유정**(金裕貞) : 아명은 '멱설'. 장남 이후 딸 다섯을 낳고 얻은 아들이고 몸이 허약해 명이 길게 오래 살라고 지어준 이름. 휘문고 시절에 잠시 '나이(羅伊)'로 불리기도 함.

(8) **나도향**(羅稻香) : 나경손(羅慶孫). '경사스러운 손자'라는 뜻.

(9) **노천명**(盧天命) : 아명은 '기선(基善)'이었는데, 6세 때 홍역을 심하게 앓고부터 몸이 약한 것을 걱정해 '하늘이 주신 명(命)'이란 뜻의 천명(天命)으로 이름을 고침.

(10) **박목월**(朴木月) : 박영종(朴泳鍾).

(11) **박영희**(朴英熙) : 아명은 '거복(巨福)'. 이 아명의 음은 거북에서 따온 것인데, 그 위로 세 딸을 낳은 뒤 얻은 아들이라 오래 살라는 뜻으로 지은 것.

(12) **백석**(白石) : 백기행(白夔行).

(13) **변영로**(卞榮魯) : 아명은 '영복(榮福)'.

(14) **신석정**(辛夕汀) : 신석정(辛錫正).

(15) **신석초**(申石艸) : 신응식(申應植).

(16) **심훈**(沈熏) : 심대섭(沈大燮). 장남이 아닌데도 '大'자가 들어간 이름에 대해 불만이 많았음. 아명은 '삼보', '삼준'인데 삼남이기 때문에 '삼'자가 들어 있음.

(17) **염상섭**(廉想涉) : 염상섭(廉尙燮). 오상순과 이상화처럼 한자 표기만 다를 뿐 본명과 필명의 음이 똑같은 경우임.

(18) **오상순**(吳相淳) : 본명이 吳相淳이고 초기의 필명은 발음이 같은 오상순(吳想殉).

(19) **유치환**(柳致環) : 아명은 '돌메'. 돌처럼 단단하고 산처럼 여물어서 오래 살라는 뜻.

(20) **윤곤강(尹崑崗)** : 윤붕원(尹朋遠).
(21) **윤동주(尹東柱)** : 아명은 '해환(海煥)'.
(22) **이광수(李光洙)** : 아명은 '보경(寶鏡)'.
(23) **이무영(李無影)** : 이갑룡(李甲龍). 아명은 '무갑(戊甲)'인데, 생년이 무신(戊申)년인 데에서 연유한 것. 아명으로 '용구(龍九)'도 있었음.
(24) **이상(李箱)** : 김해경(金海卿).
(25) **이상화(李相和)** : 본명이 李相和. 아호도 같은 발음의 상화(尙火), 상화(想華).
(26) **이육사(李陸史)** : 이원록(李源祿). 본명으로 알려진 이활(李活)은 필명. 이원삼(李源三)이란 이름도 있는데 주로 가정에서 사용한 것. 둘째아들인데 왜 '원삼'이라 지었는지는 미상.
(27) **이장희(李章熙)** : 이양희(李樑熙). 별명은 '꿈돼지', '꿈봉'이었는데, 초등학교 다닐 때 부잣집 아들답지 않게 늘 남루한 옷을 입고 다녀서 친구들이 놀린 이름.
(28) **이하윤(異河潤)** : 아명은 대벽(大闢) 즉 성경에 나오는 다윗을 딴 이름.
(29) **임화(林和)** : 임인식(林仁植).
(30) **정지용(鄭芝溶)** : 아명(兒名)은 태몽에서 유래된 지용(池龍).
(31) **조지훈(趙芝薰)** : 조동탁(趙東卓).
(32) **주요섭(朱耀燮)** : 부친이 기독교 목사이므로 성경에 나오는 요셉의 이름을 따서 지은 이름.
(33) **주요한(朱耀翰)** : 동생 주요섭과 마찬가지로, 그 아버지가 성경에 나오는 요한의 이름을 따서 지은 이름.

(34) 최서해(崔曙海) : 최학송(崔鶴松).
(35) 한용운(韓龍雲) : 한유천(韓裕天).

## 4. 현대 한국인의 이메일 ID에 대하여–필자 주변 217인의 이메일 ID를 중심으로

### 1) 머리말

필자는 대학에서 '전통문화의 이해' 강의시간에, 이름, 자, 호 등 전통적인 작명법에 대하여 소개하다가, 이메일 아이디야말로 현대판 호가 아닐까 하는 생각이 들었다. 서예가나 화가 등 전문인을 제외하고는, 특히 젊은층에서 전통적인 호는 쓰지 않지만, 이메일 아이디가 그 구실을 대신한다는 착상을 해본 것이다. 그래서 본격적으로 아이디를 모아서 분석하고 싶은 마음이 생겼다.

처음에는 서경대학교 수강생과 졸업생만을 대상으로 하였으나, 여타 필자와 이메일을 주고받는 지인들의 아이디까지 포괄하기로 하여, 총 217건을 분석하였다. 하지만 졸업생과 지인의 아이디 중에서 성명의 이니셜을 따서 만든 것이 분명한 경우(65건)는 따로 설문하지 않고, 여타의 사람에게만 아이디의 작명 동기와 의미가 무엇인지 알려달라고 요청하여 회답을 받았다. 1인이 여러 개의 아이디를 가진 경우도 있어 사람 숫자와 아이디 숫자가 일치하지는 않았다.

그렇게 해서 확보한 217건[필자의 것 1건 포함]의 아이디를 몇 가지 기준을 세워 유형 분류하고, 작명의 원리를 체계화해 본 것이 이 글이다. 아이디 작명상의 유의점, 작명전통 호와의 비교 작업도 했고, 아울러 외국인(중국, 몽골, 미국, 일본인)의 아이디와의 비교 결과도 검토하여 제시해 보았다.

하지만 필자가 교신하고 있는 사람들의 경우만을 대상으로 한 분석이라, 이것이 과연 현대 한국인의 아이디를 대표할 수 있는지 확신하기는 어려운 게 사실이다. 그래도 대체적인 경향성만은 엿보게 해주는 결과가 아닐까 생각하여 보고한다.

## 2) 아이디의 분류 및 작명 원리

이메일 아이디는 일견 아주 다양한 모습으로 존재하고 있어서 무질서한 듯하지만, 기준에 따라 세 가지로 유형화할 수 있다. 의미의 유무에 따른 분류, 정상입력 여부에 따른 분류, 구조의 복잡성 여부에 따른 분류가 그것이다.

### (1) 의미의 유무에 따른 분류

대부분의 이메일 아이디는 일정한 뜻을 담고 있으나 모두가 그런 것은 아니다. 개중에는 별 의미가 없거나, 의미도 모른 채 사용하는 경우도 있다.

① 유의미형(96%)

대부분의 아이디는 유의미형에 속한다. 필자의 경우, bky5587인데, 앞의 'bky'는 이름(bkk-kyu yi)를 의미하며, 뒤의 '5587'은 생년월일(55년 8월 7일)을 뜻해 이 유형에 해당한다. 외견상(형태상) 무의미한 듯이 보이지만 내용상 의미있는 것도 이 유형에 포함된다.

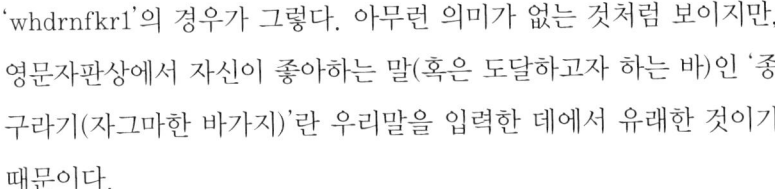

'whdrnfkr1'의 경우가 그렇다. 아무런 의미가 없는 것처럼 보이지만, 영문자판상에서 자신이 좋아하는 말(혹은 도달하고자 하는 바)인 '종구라기(자그마한 바가지)'란 우리말을 입력한 데에서 유래한 것이기 때문이다.

② 무의미형(4%)

가. 전면적인 무의미형(3건)

별 뜻이 없이 지은 경우이거나 남이 지어주었기 때문에 무슨 의미인지 모르고 사용하는 경우가 여기 해당한다. 아이디 전체가 무의미한 경우만 여기 소속된다. asdf, aabb 등이 그것이다. 자판에서 나란히 있다는 이유로 그렇게 정했을 뿐 아무런 의미도 들어있지 않다.

조동일 님의 아이디도 여기 소속시킬 수 있다. '여러 해 전에 인터넷을 이용해 강의를 할 때 강의를 부탁한 쪽에서 정해준 이름'인 's21318'을 그냥 쓰고 있다고 한다. 물론 이 아이디를 지어준 쪽에서는 나름대로 어떤 의미를 부여했을 가능성이 있지만, 사용자가 의미 부여를 하지 않고 있으므로 여기 포함시킬 수 있다.

나. 부분적인 무의미형(6건)

아이디의 일부 요소가 무의미성을 띠는 경우이다. 대개는 중복을 피하기 위해 부득이 문자를 첨가한 경우인데 더러 확인된다. 'csskang'의 경우는 원래는 'cskang'인데, 중복을 피하기 위해 's를 하나 더 넣'었다고 한다. 'toto79hoho'에서 'toto'는 '예전에 키우던 강아지 이름'이고 '79'는 '친구'인데, 이미 사용하는 사람이 있어서 뒤에 웃음소리의 의성어인 '호호(hoho)'를 넣었다고 하는데 이 경우

'hoho'도 그런 예라 하겠다.

꿈인 '소설가'를 뜻하려 'novelist'를 쓰려가다 중복 아이디인 것을 알고 맨끝 글자 't' 대신 그와 가장 모양이 유사한 숫자 '1'을 써서 'novelis1'이라고 정한 경우도 이 예에 속한다. .'koy123'의 '123', 'jnk530bee'의 'bee'는 글자수를 채우기 위해 아무렇게나, 떠오르는 대로 첨가한 것이라 한다.

linda5221는, 특정 메일에서 중복된다고 하자 1225를 뒤집어 5221로 만든 경우이다. 이밖에도 각종 사이트에 들어가는 아이디를 거의 linda와 1225를 조합해서 linda12 또는 linda25또는 linda122 등으로 쓰고 있다고 한다.

### (2) 정상 입력 여부에 따른 분류

자판의 상태와 입력하고자 하는 언어가 일치하는가 불일치하는가에 따른 분류이다. 일치하는 경우는 정상입력형, 불일치하는 경우는 비정상입력형이라 한다.

① 정상입력형(97%)

아이디는 영문자판을 선택한 상태에서 영어로 입력하는 게 정상적이고 일반적이다. 대부분의 아이디가 정상입력형이다.

② 비정상입력형(3%)

자판은 영문자판으로 해놓고, 입력할 때는 마치 한글자판에 입력하는 것처럼 생각하고 우리말을 입력하여 만들어진 경우들이다. 'ehflehfl4'의 경우, 영문자판에서 우리말로 '도리도리'(별명)를 치고 그 뒤에 숫자 4를 첨가한 것이다. 'rnjsgurass'과 'simruaauf'는 성명(권혁민, 심경열)을 'wkgus1218'는 이름과 생일을, 'barbietlsdo'는 좋아하는 인형의 이름과 자신의 이름(신애)을 입력한 것이다. 다만 'whdrnfkrl'의 경우는 영문자판에 '종구라기'라는 별명을 친 것이다.

### (3) 구조의 복잡성 여부에 따른 분류

1개의 기본요소만으로 이루어진 경우를 단순형, 2개 이상의 요소(기본요소 및 숫자)가 결합된 경우를 확장형으로 보아서 분류하니 다음과 같았다.

① 단순형(136건)(62%)

1가지 기본요소만으로 이루어진 경우인데, 사는 곳을 반영한 것, 처지를 반영한 것, 도달하고자 하는 바를 반영한 것, 소유물을 반영한 것, 좋아하는 것을 반영한 것, 이름의 영자표기 등 6가지로 나눈다. 숫자만 가지고 이루어진 아이디는 찾아볼 수 없었다.

가. 사는 곳(거주지, 고향)을 반영한 것(2건) : jigogae(지고개) daegok(대곡).

나. 처지를 반영한 것(전공, 직업, 학위, 직장)(4건) : shanzi(이름의 중국어식 표기), altan(황금)+oboo(오보)가 결합된 몽골이름(몽골학자), licensor(기술제공자-과학강사)

다. 도달하고자 하는 바를 반영한 것(9건) : urihamkke(우리 함께), 'oldtree'(다시 태어나면 나무가 되고 싶은 열망), 'noaas'(노아의 방주. .마지막 남은 한 사람의 의인이라는 의미의 노아, 그 노아의 방주에 타고 싶은, 하느님의 선택된 땅 한사람이고 싶은 바람).

라. 소유물을 반영한 것(3건) : hsrene(결혼하면서 저희 부부가 아이를 낳으면 이름을 '하린'과 '시린'이라 하자고 맘먹었음. 두 이름의 영문 표기가 harene serene이어서 둘을 합치면 hsrene), boriari(두 딸의 이름).

마. 좋아하는 것을 반영한 것(22건) : altan(황금)+oboo(오보), whdrnfkrl(종구라기=자그마한 바가지), luck-7373(행운), ithinksoiam(나는 생각한다 고로 존재한다)

바. 이름의 영자표기(96건) : uidolee(리의도), imh(임문혁, youngsuh(서영대), jakob(세례명. 김동소) yunwu(박윤우), futurenine('구미래'의 영어 의역)

이상에서 보는 것처럼, 단순형(총136건) 중에서, 이름의 영문표기(96건)가 압도적이며, 좋아하는 것의 반영(22건)이 그 뒤를 잇는다. 하지만 이는 초기의 상황이고, 최근 들어서는, 각 인터넷 회사에서 영문과 숫자를 조합해서 아이디를 만들도록 요구하는 추세라서, 앞으로는 단순형이 축소되거나 사라질 수밖에 없으리라 예측된다.

② 확장형(76건)(38%)

확장형은 기본요소에 숫자나 다른 기본요소가 첨가된 경우를 말한다. 숫자첨가형, 기본요소첨가형의 두 가지로 나누어진다.

가. 숫자첨가형(56건)(73%)

㉠ 생년월일첨가형(40건)(72%)

첫째, 좋아하는 것+생년월일(13건)(33%) : paradiso76(가장 좋아하는 영화인 cinema paradiso에서 따왔고 76은 태어난 연도), lunar127(달, 게임 이름+생일), primavera21 (스페인어 봄+생일)

둘째, 처지+생년월일(1건) : doggabi5852(전공+생년월일)

셋째, 도달하고자 하는 바+생년월일(2건) : pro903(프로), shine625 (빛나자+생일)

넷째, 이름(별명포함)+생년월일(24건)(60%) : cod1104  sjy0724  bky5587

ⓒ 전화번호첨가형(6건)

첫째, 처지+전화번호(2건) : system8430(직장명+전화번호)

둘째, 이름+집전화번호(4건) : chh4041(정형호)  신세대는 핸드폰이 일상화한 결과인지 전화번호를 쓰지는 않는 경향을 보인다.

ⓒ 기념일첨가형(6건)

첫째, 처지+기념일(연도 포함)(1건) : pb2003(가게이름 Paper Box+개업연도)

둘째, 도달하고자 하는 바+기념일(1건) : oldwind2000(쉽게 변치 말자+이용연도)

셋째, 이름+기념일(4건) : hyp1000(hwan young park+21세기의 새로운 희망을 나타내는 새 천년)

㉣ 기타번호첨가형(사번, 학번 등)(4건) : wind3631(3학년 6반 31

번+바람과함께사라지다), sori89(동아리모임 + 학번)

나. 기본요소첨가형(이름+다른 기본요소)(20건)(27%)
㉠ 좋아하는 것 첨가형(10건)(50%) : khfreedom, imh22(이름 im moon hyuk+제일 좋아하는 숫자가 22라고 한다. 1은 외로운데 2는 짝이 되어 좋다. 그런데 그 2가 또 짝이 된 숫자가 22이니 얼마나 좋으냐는 설명임.) 이모티콘을 이용한 아이디 중의 상당수가 여기 포함할 수 있다. 예컨대 1004나 7979를 선택하는 동기가 그 이모티콘의 내포적 의미를 선호하기 때문이라 볼 수 있기 때문이다.
㉡ 처지첨가형(처지, 전공+이름)(4건) : syshisto(역사학) kimpansori(판소리연구자)
㉢ 소유물첨가형(2건) : jaechull19(태어날 아들의 이름이 '일구') barbietlsdo(인형이름+영문자판에 '신애'란 이름을 친 것)
㉣ 도달하고자 하는 것 첨가형(2건) : renxideai(인희의 사랑, 인간에 대한 보편적인 사랑을 실천하고 싶다), Actor-2Do(배우+자신의 별명)(본명 '이도윤')
㉤ 사는 곳 첨가형(2건) : pnjinho(풍납동 진호), hskkim2104(김학선+이천군 백사면 출신)

이상에서 살펴본 것처럼, 확장형에서는 '숫자첨가형'이 총 55건 (73%)으로서 가장 많고, 숫자첨가형 중에서도 '이름+생년월일'형이 총 24건(60%)으로서 가장 보편이다. 기본요소첨가형 중에서는 '이름

+좋아하는 것'형이 50%를 차지해 가장 압도적임을 알 수 있다.

단순형과 확장형을 통틀어, 가장 흔하게 이용되는 요소는 '이름'으로서 총 85건, 그 다음으로 흔한 것이 '좋아하는 것' 총 43건, '생일'이 총 40건이. 이 중에서 생일은 단독적으로는 이메일 아이디로 사용되지 않는다.

앞에서도 언급했듯이, 요즘 들어 각 인터넷 회사에서 영문과 숫자를 조합해서 아이디를 만들도록 요구하고 있어, 확장형은 점차 더 확대될 것으로 전망된다.

### 3) 아이디 작명상의 주의사항

위에서 살펴본 것처럼 대부분의 이메일 아이디는 그 나름의 작명원리와 사연과 의미를 지니고 있어 잘되고 못되고를 평가하기 어렵다. 하지만 그 동안의 경험을 바탕으로, 다음 두 가지 문제점을 지적하고 대안을 제시하고자 한다.

첫째, 아이디를 만들 때, 시각상 혹은 음독상 오독할 가능성이 있는 표기는 삼가야 한다는 점이다. 영어알파벳 l과 아라비아숫자 1, 영어알파벳 o과 한글자음 ㅇ은 특히 화면상에서 변별하기 어려우므로, 알파벳과 아라비아숫자 및 한글이 공존할 경우, 아주 조심해야 한다. 예를 들어 보기로 한다. 강재철 님의 아이디인 jaechull19를 보자. 진실은 맨 뒤의 19만 숫자이지만, 얼핏 보아서는 '1119'를 숫자로 오인할 수 있고, 실제로 그렇게 입력하여 이메일을 보내 교신에 실패한 경험을 필자는 가지고 있다. 따라서 이런 경우는 jckang19으로 적으면 오독하지 않으리라고 본다. bky5587이나 ybk2287의 숫자 부분도 눈으로 볼 때는 아무 문제가 없으나, 귀로 들을 때는 '55'를 'oo'로, '22'는 'ee'로 오인할 가능성이 있으므로 피하는 게 좋다. 어느 PD의 아이디인 che67도 마찬가지 문제점을 안고 있다.

 둘째, 성과 명의 표기순서와 방법을 통일하는 게 좋다. 성을 앞세우는 사람도 있고, 이름을 앞세우는 경우도 있다. 같은 성씨라도 다르게 표기하여, 예컨대 이 씨의 경우 어떤 사람은 lee로 어떤 이는 yi로 적는데, 특별한 이유가 없다면 통일하는 게 좋으리라 생각한다.

### 4) 아이디와 작호(作號) 전통과의 같고 다른 점

 머리말에서 필자는 이메일 아이디는 현대판 호라고 하였다. 그렇다면 호를 지었던 전통에 비추어 보았을 때 요즘의 이메일 아이디는 어떤 점이 같고 다를까?

#### (1) 유형

 ① 전통 호에서는 무의미한 호란 전무하다고 할 수 있다. 하지만 이메일 아이디에서는 극소소수이지만 무의한 경우도 존재한다. 호의 경우는 그 사람의 개인사와 연관지어 지음으로써 그 사람의 이름 대신 활발하게 호명되어 그 의미가 두드러지나, 아이디는 불리어지는 경우는 없고 이메일을 주고받는 데 지장만 없으면 되므로, 의미가 약화될 수가 있어서 그런 것이라 해석된다.

 ② 구조의 복합성 면에서, 호는 단순형 일색이지만, 이메일 아이디에는 단순형과 거의 같거나 더 많은 비중으로 '확장형'이란 유형이 별도로 존재한다.

③ 단순형을 특징으로 하는 전통 호에서의 작호 유형으로 두드러진 것은 모두 4가지이다.

첫째, 사는 곳을 반영한 것(所處以號)이다. 생활하고 있거나 인연이 있는 처소, 지명을 반영한 경우이다. 삼봉(정도전), 퇴계(이황) 등이 여기 해당한다.

둘째, 처지를 반영한 것(所遇以號)이다. 짓는 사람이 처한 환경이나 여건을 표현한 경우이다. 벽산청은(김시습), 직봉포의(김우옹) 등이 여기 해당한다.

셋째, 도달하고자 하는 바를 반영한 것(所志以號)이다. 자신이 목표를 삼아 도달한 경지 또는 지향하고자 하는 목표와 의지가 담긴 호이다. 백운거사, 사임당(주 나라 문왕의 어머니 태임을 스승삼음), 면앙정(하늘과 땅의 사이의 정자라는 뜻으로, '호연지기'를 드러냄) 등이 여기 해당한다.

넷째, 소유물을 반영한 것(所蓄以號)이다. 간직하고 있는 사물 가운데 특히 좋아하는 것을 담은 경우이다. 오류선생, 과정(정서 ; 유배 후 정자 짓고 오이 심고 거문고 타고 시 읊으며 지냄) 등이 여기 해당한다.

이 네 가지는 이메일 아이디에도 지속된다는 것을 알 수 있다. 이에 대해서는 앞에서 제시했으므로 반복 서술하지 않기로 한다.

그런데, 전통 호와 대비되는 단순형 이메일 아이디의 경우, 이들 네 가지 유형 외에 두 가지 유형이 더 있었다. '좋아하는 것'(所好以號 ; 종교적으로 숭배하는 인물명, 동아리명, 좌우명), '이름의 영자 표기' 유형이 그것이다.

그뿐만 아니라, 전통 호에서는 '사는 곳'을 반영한 것이 가장 보편적인 데 비해, 이메일 아이디에서 '사는 곳'만을 반영하여 아이디를 만든 사례는 극소수이고 그 대신 '이름의 영문표기' 단순형 및 '이름의 영문표기+생일' 확장형이 가장 보편적이어서 일정한 차이를 보인다.

확장형으로까지 확대할 경우, 이메일 아이디에서 새로 추가된 요소들로서 눈에 띄는 것은 '생일', '전화번호', '기념일' 등이다.' 현대의 산물인 이메일 아이디에서 확인되는 이들 추가요소들은 대개 개성을 드러내는 것들로서 전통사회의 호가 개성보다는 집단의 이데올로기(신독재愼獨齋, 묵재黙齋)나 집단적인 것(퇴계, 율곡 등의 지명도 마찬가지)을 반영한 경우가 많은 데 비해, 이메일 아이디는 한 개인 고유의 어떤 것을 드러내는 성향이 강해졌다고 보인다. 그런 과정에서 생년월일, 좋아하는 것이 애호된 것이 아닌가 여겨진다.

### (2) 자작 여부

전통 호는 자기 스스로가 지은 자호도 있고, 남이 지어준 호도 있다. 이메일 아이디에서도 마찬가지 양상을 보이는데, 대부분은 자호이고 남이 지어주는 경우는 매우 드문 편이다.

### (3) 중복 여부

호에서는 중복되는 경우가 많다. 같은 호를 여러 사람이 공유하기도 했다(묵재黙齋, 학산鶴山 등). 남의 호를 모르는 상태에서 똑같게 짓기도 하지만, 알면서도 모방하여 짓는 경우도 있다. 하지만 이메일 아이디의 경우는, 동일한 사이트에서는 회원가입 단계에서 아이디 중복 여부를 검색하여 원천봉쇄하기 때문에 동일한 아이디는 존재할 수 없다. 글자 하나라도 다르게 하는 과정에서 '2'라든가 심지어는 무의미한 글자까지 첨가하는 현상이 나타난다. 인터넷 쇼핑의 경우는, 회사마다 독자적인 아이디를 요구하기 때문에, 즉 중복 아이디는 사용 못하게 원천적으로 규제하고 있기 때문에, 一人多아이디 현상이 심화되고 있다.

### (4) 표기문자

전통 호는 한자 혹은 한글을 이용하여 표기하는 게 일반적이다. 하지만 이메일 아이디는 철저하게 영문과 숫자로만 표기할 수 있게 되어 있다. 한자는 물론 한글 표기도 불가능하다. 이 아쉬움을 극복하기 위해 혹은 그에 대한 반발로 영문자판상에 우리말을 입력하는 '비정상적입력형'도 나타나는 것이 아닌가 생각한다.

### 5) 글자 수 제한

전통 호에서는 글자 수 제한은 없다. 다만 관습적으로 2자, 3자, 4자로 짓는 편이다. 2자 이상 4자 이하의 불문율이 존재한다하겠다. 하지만 이메일 아이디에서는 인터넷 회사마다 글자 수를 명시해 놓고 있어 제약을 받는다. 4~8, 4~10, 6~12, 4~12 등으로 규정함으로써, 최소 네 글자에서 최고 12 글자 이내로 제한을 받고 있어, 어떤 경우는 그 글자 수를 채우기 위해 의미없는 글자를 첨가하기도 한다.

### 6) 외국인 이메일 아이디와의 비교

위에서 밝힌 것처럼, 우리나라 사람들은 생년월일을 아이디에 반영하는 일이 흔하다. 생년월일만이 아니라 나이나 전화번호 등 개인적인 정보와 관련된 사항을 거리낌없이 아이디에 노출하는 경우가 많다. 숫자로 표현된 부분에서 그런 점을 확인할 수 있다.

그런데, 필자가 주변 사람들을 통해서 거칠게 확인한 바로는, 중국, 몽골 사람들은 우리처럼 생년월일을 아이디에 적극 반영하는 편이지만, 일본이나 미국 사람들은 일절 반영하지 않는다고 하니 흥미로운 일이다. 일본과 미국에서 생활했던 인사들(서경대 박무희 교수, 박길수 박사)에게 문의한 결과, 상상하기 어려운 일이라는 반응이었다. 프랑스에서 생활한 강남대 김필영 교수도 마찬가지 이야기를 하였다. 과연 그런지 외국인의 아이디를 입수해서 살펴본 결과 그 말이 사실임을 알 수 있었다. 이제까지 필자가 입수한 외국인의 이메일 아이디를 제시하면 다음과 같다.

### (1) 미국인 이메일 아이디(제공자 : 박길수 박사)

anna4x@msn.com (Anna Kim)(이름+숫자)
ecohen123@earthlink.net (Elon Cohen)(이름+숫자)
pakana@thehawaiichannel.com (Paula Akana)(이름)
akne@aol.com (Kimo Akane)(이름)
dallgire@thehawaiichannel.com (Dick Allgire)(이름)
augz1a@aol.com (Augie Tulba)(이름)
babba-b@pixelworld.net (Baba B)(이름)
bbit@hgea.org (BB Shawn)(이름)
ka_beaz@yahoo.com (Beazley, Del)(이름)
bigdaddycel@kpoifan.cm (Big Daddy Cel)(이름)
malanibilyeu@pixelworld.net (Bilyeu, Malani)(이름)
blaze@newwavehawaii.com (Blaze, Jon E.)(이름)
BOBBROZMAN@worldnet.att.net (Brozman, Bob)(이름)

wade.faildo@cox.com (Bruddah Wade)(이름)
marvdog@khnl.commailto:kelandmona@juno.com
(Buenconsejo, Marvin)(이름)

### (2) 일본인 이메일 아이디(제공자 : 창원대 강용자 선생님 및 동아시아고대 학회 회원 주소록)

yokoyamao@mt-sou401.ccgwnec.co.jp(이름)
satiko@bnn-net.or.jp(이름)
uenom@daibutsu.nara-u.ac.jp(이름)
nstn(니시타니)@tufs.ac.jp(이름)
sato@office-rindo.com(이름)
kannazuki10@t.vodafone.ne.jp(이름)
asamon@gamma.ocn.ne.jp(이름)
saijo@muf.biglobe.ne.jp(이름)
m-kishi@seaple.ice.ne.jp(이름)
yano@sejong.ac.kr(이름)

### (3) 몽골인 이메일 아이디(제공자 : 국립민속박물관 장장식 선생님)

Bilgee602002@yahoo.com(이름+출생연도+2002년)
mgnasun@mail.imu.edu.cn(부모이름+이름)
nyamsambuu@yahoo.com(이름)
norobnyam@yahoo.com(이름)
ulziibat@hotmail.com(이름)
khuldorj@hotmail.net(이름)
mongol12@kornet.net(몽골+숫자)

### (4) 중국인 이메일 아이디(제공자 : 북경외국어대 苗春梅 선생님 및 인민일보)

fishy0825(영어+생일)
grace_huyuheng@ (영어+이름)

yellowredhh@ (yellow red 이름 중의 색깔에 따라 영어로 적은 것)
wodemeng26@ (영어+나이)
fireinsea2000@ (영어+숫자)
oaynat@ (이름의 중국 병음을 거꾸로 적은 것 )
edison313@ (영어 이름+기숙사의 방 번호)
sonialina@ (영어 이름)
linlin2626@ (이름+전화 번호)
wopashuikr@ ('나는 누구든 두려워하지 않는다.'를 중국어 병음으로 쓴 것)

왜 이런 결과가 나타나는 것일까? 개인정보를 아이디에 노출하는 점에서 왜 한국과 중국과 몽골은 유사성을 지니며, 일본과 서양은 이질적일까? 혹시 '사주(四柱)문화권'과 연관이 있지 않을까? 사주를 따져서 그 해 혹은 일생의 운세를 헤아리며 믿는 민족은 한국, 중국, 몽골이라고 한다. 하도 사주팔자를 믿다 보니, 은연중 생년월일을 중요시하게 되고, 그러다 보니 이메일 아이디에까지 자연스럽게 반영하게 된 것이 아닌가 하는 가설이다.

물론, 사주문화와 관련시키는 데 대해 이견이 있을 수 있다. 하지만 동양삼국에서 우리처럼 태어난 해에 의미를 부여하는 나라도 드물다고 생각한다. 그 대표적인 예가 띠 문화이다. 나이를 물어볼 때 '무슨 띠냐?'고 묻는 것은 물론, 각 신문마다 '오늘의 운세'라 하여, 띠에 따라 운세가 어떠한지 해설하는 코너가 따로 제공될 정도이다. 2005년 9월 7일 자 인터넷 뉴스에는 '한국 부자들의 12가지 특성'을 소개했는데 그중의 하나가 '겨울이 생일'이라는 항목이 들어있는바, 이는 '생년(生年)'만이 아니라 사주중의 또 한 요소인 '생월(生月)'도 중시한다는 점을 잘 드러내고 있다 하겠다. 한국인의 개방적인 사고를 비롯하여 다른 요인을 가지고도, 한국인 아이디에서의 생년월일 반영 선호 현상을 해석할 수도 있겠으나, 우선적으로 사주팔자 문화를 고려하는 것이 타당하고 가능하다고 필자는 생각한다.

그런데 여기에서 한 가지 의문이 제기될 수 있다. 일본도 '백말띠'를 새로 만들어 믿을 만큼 사주팔자를 따지는 민족이요 나라인데, 왜 일본인의 아이디에는 나이라든가 생년월일이 일절 노출되지 않는가 하는 점이다. 일본인 및 일본학 연구자들의 반응을 떠본즉, 일본 사람은 서양인과 똑같이, 개인적인 정보를 절대로 노출하지 않는다고 하니, 그 이유는 무엇일까? 일본에서 나서 자란 서경대 일어과 박무희 교수의 전언으로는 일본인들도 사주팔자를 이야기하지만, 그것을 믿는 정도 면에서 우리보다 훨씬 덜하다고 한다. 지진이라든가 태풍 등 자연재해가 잦고, 그로 말미암아 사망하는 경우가 많다 보니, 사주팔자 관념이 우리보다 훨씬 덜한 것이 아니겠는가 추정된다고 하였는데, 필자도 공감한다.

일본인에게서 확인되는 개인정보 감추기 현상의 이유로 두어 가지 더 고려할 수 있다고 본다. 일본문화 및 일본인의 특징으로 지적되는 '혼네(本音)' 즉 속셈 혹은 본심, 속마음을 알 수 없는 점이 그것이다. 싫어도 겉으로는 활짝 웃어 보이는 이른바 다테마에(立前) 문화가 그것인데, 이것이 체질화되어 있다 보니, 이메일 아이디에도 개인적인 정보를 드러내지 않게 되었다고 여겨진다. 또 하나, 아시아에서 일본이 어느 나라보다 먼저 서구화한 나라라는 점이다. 서양 콤플렉스라는 표현을 쓸 만큼, 일본인들은 미국을 비롯하여 서구의 문화를 숭상하는 경향이 강한데, 서양인들이 자신의 프라이버시를 노출하지 않고, 남의 프라이버시를 알려고도 하지 않는 것처럼, 일본인들도 일찍 서구화하면서, 원래의 다테마에문화가 더욱 극단화하여 이메일 아이디에 개인의 프라이버시를 드러내지 않게 된 것이 아닌가 판단한다.

### 7) 맺음말

이상으로 현대 한국인의 이메일 아이디의 존재양상을 살펴보았다. 요약하고 나서, 앞으로의 과제를 제시하기로 한다.

현대 한국인이 사용하는 이메일 아이디의 유형은, 의미를 지니고 있는지 없는지에 따라 유의미형과 무의미형으로 구분된다. 주로 의미가 있는 '유의미형'이지만, 아무런 뜻도 지니지 않은 '무의미형'도 일부 있었다. 정상적인 입력 여부에 따라 구분하면, 정상입력형과 비정상입력형으로 나뉜다. 대부분, 영어 자판 상태에서 입력하는 '정상입력형'이지만, 자판은 영어 자판으로 해놓고서 한국어를 입력하는 '비정상입력형'도 확인되었다. 구조가 단순한지 복잡한지에 따라 구분하면, 단순형과 확장형으로 나뉜다. 사는 곳, 처지, 도달하고자 하는 것, 소유물, 좋아하는 것, 이름 등 어느 한 가지 요소만으로 이루어진 '단순형'이 많았지만, 자기 이름에다 숫자나 다른 요소를 동시에 반영하는 '확장형'도 상당수 있었다.

아이디 작명상의 주의사항으로 두 가지를 들었다. 첫째, 시각상 혹은 음독상 오독할 가능성이 있는 표기는 삼가야 한다는 점이다. 영어 알파벳 l과 아라비아숫자 1, 영어알파벳 o와 한글 자음 ㅇ은 특히 화면상에서 변별하기 어려우므로, 알파벳과 아라비아숫자 및 한글이

공존할 경우, 아주 조심해야 한다. 둘째, 성과 명의 표기순서와 방법을 통일할 필요가 있다. 성을 앞세우는 사람도 있고 이름을 앞세우는 경우도 있는가 하면, 같은 성씨라도 다르게 표기하고 있다. 하지만 특별한 이유가 없다면 통일하는 게 좋으리라 생각한다.

이메일 아이디와 작호(作號) 전통과의 같고 다른 점을 지적하면 다음과 같다.

첫째, 유형 면에서의 비교: 전통 호에서는 무의미한 호란 전무하나 이메일 아이디에서는 극소소수이지만 무의한 경우도 존재한다. 호는 단순형 일색이지만, 이메일 아이디에는 단순형과 거의 같거나 더 많은 비중으로 '확장형'이란 유형이 존재한다. 단순형 이메일 아이디의 경우, '좋아하는 것', '이름의 영자 표기' 유형이 추가되었고, 확장형에서 새로 추가된 요소들로서 눈에 띄는 것은 '생일', '전화번호', '기념일' 등이다.' 전통사회의 호가 개성보다는 집단의 이데올로기나 집단적인 것을 반영한 경우가 많은 데 비해, 이메일 아이디는 한 개인 고유의 어떤 것을 드러내는 성향이 강해졌다고 보인다.

둘째, 자작 여부: 전통 호는 자기 스스로 지은 자호도 있고, 남이 지어준 호도 있다. 이메일 아이디에서도 마찬가지 양상을 보이는데, 대부분은 자호이고 남이 지어주는 경우는 매우 드문 편이다.

셋째, 중복 여부: 호에서는 중복되는 경우가 많으나 이메일 아이디의 경우는 다르다. 동일한 사이트에서는 회원가입 단계에서 아이디 중복 여부를 검색하여 원천봉쇄하기 때문에 동일한 아이디는 존재할 수 없다.

넷째, 표기문자: 전통 호는 한자 혹은 한글을 이용하여 표기하는 게 일반적이다. 하지만 이메일 아이디는 철저하게 영문과 숫자로만 표기할 수 있다.

다섯째, 글자 수 제한: 전통 호에서는 글자 수 제한은 없다고 할 수 있다. 하지만 이메일 아이디에서는 인터넷 회사마다 글자 수를 명시해 놓고 있어 제약을 받는다.

우리들의 아이디와 외국(중국, 몽골, 미국, 일본) 사람들의 아이디를 비교해 본 결과, 아이디에 생년월일을 비롯하여 개인적인 정보를 흔하게 노출하는 현상 면에서 차이가 확인되었다. 중국, 몽골에서는 우리와 마찬가지로 생년월일을 반영하기도 하는 데 반해, 미국이나 일본에서는 그런 경우가 없었다. 왜 그런 차이가 나타나는지 깊이 있게 고찰해 볼 필요가 있겠으나, 필자는 사주문화권과의 관련성을 가설로서 조심스럽게 세기해 보았다.

강의 과정에서 떠오른 착상과 호기심 때문에 작성한 글이지만, 조사 과정에서, 필자와 교신하는 인사들의 아이디에 그분들의 개인사와 관심사가 녹아있다는 것을 비로소 알아 더 가깝게 이해할 수 있어서 좋았다. 호를 지을 때도 심사숙고하여 짓듯이 이메일 아이디에도 그런저런 사연과 의미가 깃들어 있으므로, 각자 교신하는 인사들의 아이디의 의미가 무엇인지 확인한다면 관계가 더욱 정겨워지지 않을까 생각한다.

앞으로의 과제를 몇 가지 제시하면서 이 글을 마무리한다.

첫째, 우리나라 사람들의 이메일 아이디의 양상과 외국인들의 그것과를 조목조목 비교해 볼 필요가 있다. 예컨대 외국인도 '좋아하는 것'을 반영하기를 즐긴다는데, 그 좋아하는 내용이 우리나라와 어떻게 같고 다른지 비교한다면 문화적인 차이, 가치관의 차이 등을 이해하는 데 도움이 되리라 생각한다. 아울러, 외국인의 아이디를 몇 가지 소개했지만, 극히 일부에 불과하므로, 좀 더 범위를 확대해서 조사하고 우리의 것과 총체적인 비교를 할 필요가 있다. 특히 외국인의 아이디를 몇 가지 소개하였는데, 네 나라에 그쳤고, 그나마 10개 내외에 불과하여 대표성을 획득하기 곤란한 점이 없지 않다. 앞으로 대상 국가도 확대하고, 성별, 나이별 등으로 좀 더 다양한 사례를 조사해서 우리의 경우와 비교 분석할 필요가 있다고 생각한다.

둘째, 이메일 아이디가 계층별·세대별·전공직업별·성별·개인별로 어떻게 같고 다른지에 대해서도 고찰할 필요가 있다. 10대의 경우는 어떤지, 고3인 아들에게 문의한 결과, 10대도 '성명+생일' 혹은 '성명+좋아하는 숫자'를 주로 쓰고 있다고 하는 것으로 미루어, 단연 확장형 중에서 '숫자첨가형'을 선호한다는 것은 확인하였을 밝혀둔다.

셋째, 현대적 호로서 이메일 아이디와 함께 살펴볼 만한 것으로서 '닉네임'(인터넷 카페나 대화방 등에서의 별명)이 있다. 이에 대해서도 연구할 필요가 있다.

넷째, 이 논문에서는 '이메일 아이디'에 대해서만 다루었는데, '로그인용 아이디'도 있으니, 그것에 대한 별도의 논문도 필요하리라 본다.

[저자약력]

**이복규** : 서경대(옛 국제대)와 경희대 대학원에서 공부(고전산문 전공).
한국학대학원과 국사편찬위원회 초서연수과정에서 공부.
서경대학교 국어국문학과 교수.
국제어문학회 회장.

주요저서 : 《설공찬전연구》
《한국전통문화의 이해》
《이야기로 즐기는 한자·한문》
《중앙아시아 고려인의 생애담 연구》

[다음까페] : http://cafe.daum.net/bky5587(이복규교수의 사이버강의실)


## 한국인의 이름이야기

초판 인쇄  2012년 5월 10일
초판 발행  2012년 5월 22일

저   자 │ 이복규
펴 낸 이 │ 하운근
펴 낸 곳 │ 學古房

주   소 │ 서울시 은평구 대조동 213-5 우편번호 122-843
전   화 │ (02)353-9907  편집부(02)353-9908
팩   스 │ (02)386-8308
전자우편 │ hakgobang@chol.com
등록번호 │ 제311-1994-000001호

ISBN      978-89-6071-250-8  03380

**값 : 13,000원**

※ 파본은 교환해 드립니다.